TUNAPAHA《ツナパハ》・Nuwara Eliya《ヌワラエリヤ》

スリランカ
カリーを
つくろう

前田 庸

はじめに

30年営業しているうちに世の中にインターネットとかメールとかが普及してきまして
田舎のレストランなりに何かがんばってお店の宣伝とか営業しないとな～、という意識にかられ
10数年前に自力で公式ホームページを作り、メルマガを発行することになりました。
担当はワタクシ。ホームページの管理人 犬。
PCもインターネットの知識も素人です。
入社してすぐにオーナーにPC（WIN98でした）を1台渡され
「これでホームページ作ってよ」
とか言われました。

知らんがな……なんでや……と思いました。ええ。

メルマガを発行するにあたり
「宣伝広告ばかりのメールもらってもお客さんは楽しくないだろう」
「しょっちゅうしょっちゅう宣伝ばっか届いたらみんな読まずに捨てちゃうよね……」
と思い、それじゃあ月に1回発行でレシピでも載せてみようか！と
創業当時からいる我が社の鉄人☆ルーパーさんに試しに相談したところ
「いいよーー」
と快諾。

そもそもお店の宣伝のためのメルマガなんですが読む人のウケを優先。
当時はスマホもありませんので、ただひたすら私とルーパーさんが会話し
解説しながら料理を作るという
前代未聞の「対談形式スリランカ料理レシピ」がこうしてスタートしました。

年に1回ルーパーさんが休暇でスリランカに帰国する1〜2カ月の間はお休みして
1年に10ネタ前後、10数年書き続け、少しずつ手作り感満載の公式ホームページにUPし続け
気づけばレシピは100近くに。
当初は「スリランカ料理の作り方を日本語で教えてくれる唯一のサイト」として
非常に狭い範囲で需要があったようです。

「ようです」というのは自分で探したわけではなく
お客様に「だから助かっている」と励ましのお言葉をいただいたので。
連載中、励ましのお言葉をくださったお客様、本当にありがとうございます。

この本はそうやって書きためた
福岡のスリランカ料理レストラン「ヌワラエリヤ」「ツナパハ」の料理人が教え、
それを横で見ていた日本人が日本人に理解しやすいように解説した
当店風スリランカ料理レシピ集です。

スパイスを使ったお料理や本場風のエスニックなカレーを自宅で作るのは
なんだかハードル高そうな印象もあるかと思いますが
この本のレシピに限っては大丈夫!
とてもゆるいのがウリですので。

使用している食材は近所のスーパーで売ってるおなじみのものや季節のものばかり。
スパイスも最近は身近なお店で簡単に購入できますから
軽い気持ちで、ルーパーさんと一緒にヌワラエリヤのキッチンに立っているつもりで
ぜひチャレンジしてみてください。

もくじ

ツナパパ・ヌワラエリヤ
カリー

ツナパパ・ヌワラエリヤ
デビル

ツナパパ・ヌワラエリヤ
サイドメニュー

お店でも売ってます！

この本で使っている スパイス

カリーパウダー

いわゆるカレー粉。最近は近所のスーパーなんかにも売ってますね!複数のスパイスを挽いてブレンドして作るのでメーカーさん、使用されてるスパイスの原産地で香りや風味が全然違います。当店のはスリランカでブレンドしてもらったもの。皆さんそれぞれお好みのものを使いましょう。

チリパウダー

世間一般ではチリペッパー。粉末にした唐辛子。真っ赤。泣くほど辛い。熱々のフライパンや鍋に投じると粘膜を刺激する香りと成分が立ち上ってくしゃみが止まらなくなります。これを触った後は手をしっかり洗うこと。うっかり目をこすったりしたら悶絶&意図せぬ号泣をする羽目になります。

クローブ

チョウジノキの開花前の花のつぼみやらがくの部分を乾燥させたもの。パッと見、黒いちっちゃな釘に見えるためこいつも異物混入と間違われたこと多数。当店やこの本では主に肉、魚を使ったカリーを作る時に使用します。そのまんまだとどうってことないけど噛んだら香りの強さにびっくりする。

ターメリック

いわゆるウコン。黄色い。いっぱい入れると苦い。カレーの黄色い色は大体これのせい。粉末が細かいこともあり服につくと落ちにくいので注意。

マスタード

黄色い辛子じゃなくてここで使うのは種の方。粒マスタードに入っている粒をそのまま使います。

シナモン

スリランカやインドにあるセイロン日桂という木の皮の内側にあるコルク状の層をはがしてロール状に丸めて乾燥させスティック状にしたもの。これはスリランカ産のものが最高品質。いわゆるニッキと違って辛味がなく香りも華やか。たまにシナモンは木の皮だと知らないお客様に「木が入ってるんだけど」と異物混入疑惑をかけられます。

フェヌグリーク

見た目は小さいブドウの種。巨峰食べた後に出てくる種に似ている。香りはすごく甘いです。メープルシロップとかカラメルみたいな香り。で、美味しいのかなと思って食べてみると味は苦い。みんなだまされるな！

カルダモン

緑色の小さいさやの中に黒い種が詰まってるスパイス。使う前につぶしたり切り込みを入れて鞘を割っておくと香りが出やすくなります。噛んだらびっくりするスパイスの筆頭。

カリーリーブス

見た目はただの枯れた葉っぱ。異物混入を疑われるスパイスその3。スリランカではカラピンチャと呼ばれ、生のものを使うそうです。昔、これを透明の45リットルごみ袋に詰めて徒歩でツナパハに届けに行く途中立ち寄ったコンビニのレジで店員さんに「それ……なんですか……」と尋ねられたことがあります。ゴミじゃないです。スパイスです。

ココナッツミルク

最近は粉末状のものや缶入りの液体状のものが近所のスーパーでも手に入るようになりましたね。当店やこの本では粉末状のものをその都度お湯で溶いて使っています。昔、アメリカで炭そ菌が流行していたころにこれが入った1kgパックを大量に運んでいる途中、袋が破れてしまい路上にサラサラこぼしてしまったことがあります。歩道に散らばる不審な白い粉を見る通りすがりの皆さんの目が痛かったです。

カリークリーム

複数のスパイス、塩や酢、薬味や香草を細かく挽いて混ぜ合わせたペースト。主に肉や魚のカリーを作る時に使います。味も香りもものすごく濃いので知らずに舐めるとびっくりします。スリランカではお母さんが手作りしたりするものなので各家庭で味が違います。本書に出てくるのはヌワラエリヤ・ツナパハのオリジナルです。

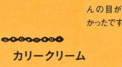

登場人物紹介

ルーパーさん

ヌワラエリヤ創業当初からずっといるスリランカ人コックさん。福岡歴約30年。最近娘さんが結婚した。

犬

このレシピを書いた人。犬と名乗っていますが人間。WEB更新やメルマガからデザート類、ドレッシングまでいろいろ制作担当。ラーメン仮面55店員。

K村さん

本社事務所にいる弊社経理担当。うちの社員なのに辛いのがダメ。メガネっ娘。

オーナー

弊社社長。福岡でスリランカカリー屋を始めた張本人。誰かが何か食べてたら一口もらわずにはいられない食いしん坊キャラ。

こちらがシェフのみなさんだ！

福岡に「東方遊酒菜ヌワラエリヤ」というレストランがあります。
創業は30年ほど昔。当時としては珍しいスリランカ料理を提供するお店です。

スニルさん

アヌジェさん

ハロルドさん

インディカさん

ラッタさん

ルーパーさん

この本を読むにあたっての注意事項

★しゃべりながら作っているので途中で準備し忘れた材料を慌てて用意したり材料を入れ忘れたりする小ハプニング展開が頻繁に出てきます。すみません！

★連載時期順とこの本の掲載順は違います。ページの進行と関係なく記事の新旧が前後しています。

★調理より調理前の前振りの方が長かったりします。

★粉末のスパイスなどは焦げやすいため、あらかじめすべてを準備してから調理に取り掛からないと調理途中で材料の不備に気づき「あ、忘れとった！」と用意している間に取り返しがつかなくなったりします。作るお料理を決めたらまず最後の「おさらい」を見て使う材料を全部そろえてから調理を始めましょう。

★文章中の「大さじ」は計量スプーンではありません。レストランとかでカレーを食べるときに出てくる食事用の大きめのスプーンです。計量スプーンとかいう選ばれし者が使う本格的な道具は使いません。

★同様に「小さじ」もお弁当用の小さな食事用スプーンのことです。ちびっこがいるご家庭は子供さんのお弁当箱のおさじを借りるといいと思います。

★炒め油のオリーブオイルはサラダ油でも代用できます。

TUNAPAHA《ツナパハ》・Nuwara Eliya《ヌワラエリヤ》 カリー

「チキンカリー」

たくさんのリクエストにお答えして今回は定番中の定番チキンカリーです。

今回はいつもより使用しているスパイスの種類が多いです。

お店で販売中ですのでどうぞヨロシク!!（CM、CM!!）この日、色々と多忙だったため約束の15時に遅れること20分……。ヌワラの厨房に行くとルーパーさんが待っていました。

ル）3時に来るって言うからね。先に材料切っといたよ。

ごっ……ごめんよルーパーさん!! 並んだ皿には材料とスパイスが切り揃えられて並んでいます……。準備して待っててくれたらしい……。

犬）遅くなってスミマセン……

ル）じゃあ説明。鶏肉500gね。

犬）何肉ですか?

ル）モモ!

犬）もう切ってあるんですよね。大きさどれくらいですか? 写真撮るからちょっと持ち上げて。

ル）ハイハイ。

犬）だいたい赤ちゃんのゲンコツくらいの大きさですかね。

一口にはちょっと大きいくらいのサイズに切ってください。（写真2）

ル）で、これがココナッツミルクと、小さいボウルいっぱいの白い液体を出す。

犬）もう溶かしてあるんですね。分量は……

ル）ココナッツミルクパウダーを大さじで3杯ね。

犬）山盛りですね?

ル）そう、山盛り。

犬）お湯は?

ル）300cc。

犬）というわけでボウルかどんぶりか何かに大さじ山盛り3のココナッツミルクを入れて300ccのお湯で溶かしてください。（写真3）

ル）次は他の材料ね。タマネギが中くらいのを4分の1。

犬）みじん切りですね。

ル）ニンニクのみじん切りも……えーと3つ分くらい!

犬）3つ? ああ、3片ってことですね。

ル）そうね! ショウガもみじん切り。大さじに1杯。

犬）これは……すりきり。

ル）葉っぱ！これくらい！
犬）カリーリーブスですね。ちょっと待って。これ何枚……？
ル）1……2……（律儀に数えだす）6……7。
犬）7枚！
ル）唐辛子も！1本ね！
犬）いつもの青唐辛子を1本、5㎜の斜め切りにしてください。
ル）そしてトマト。中くらいのを半分。（写真5）
犬）みじん切り……とまでは行きませんが小さいダイス状にカットしてください。
ル）次、スパイスね。シナモンが2本！
犬）3㎝のスティック状のものを2本です。
ル）カルダモンが……
犬）5、6粒ですね。
ル）クローブが……（また数えだす）1……2……
犬）（9まで数えたところで）10～15本ってところでしょうか。
ル）うん。そうね。で、次がチリパウダー。大さじ1。山盛り。
犬）山盛り!! カリーパウダーは？
ル）コレも大さじ山盛り1。ターメリックは小さじに半分くらい。カリークリームは……
犬）なんて表現したらいいんだろ……この量……ピンポン玉より2回りほど小さいカタマリなんですけど……。
ル）小さじに1と2分の1くらい。
犬）ああ！うずらの卵よりちょっと大きいくらいのカタマリって言えば想像つくかな？（写真4）
ル）そうね！あと、フェヌグリークを小さじに半分。後、レモングラス（初登場!! ぱっと見、わけぎの根元部分に似てる……）を6㎝。3等分く

らいに切って。(写真1)

犬)コレでだいたい材料はおしまいかな?

ル)じゃあ作るよ~。鍋を温めて~サラダ油を大さじ2~3くらい。

犬)鍋はちょっと大きめのがいいです。コレ何人分?

ル)5、6人分くらいかなあ……

犬)多いよ!まあいいか。

ル)ここにトマト以外の材料を入れて炒める。(写真6)

と、おもむろに材料を鍋の中へ!

犬)ちょっと待って!確認する!!今入れたのは、タマネギ、ニンニク、ショウガ、青唐辛子、シナモン、フェヌグリーク、クローブ、カルダモン、葉っぱ(カリーリーブスです……)、レモングラスですね。

その間もいい音をさせて炒め続けるルーパーさん。

ル)次にカリーパウダー、チリパウダー、ターメリックを入れて炒める!

ここでさらにスパイス投入!!毎度のごとく刺激臭発生!くしゃみがとまらなくなる!(写真7)

ル)焦がさないように炒めてまんべんなく全体が混ざったらチキンとトマトを入れるね。(写真8)

犬)ハイ……ゲホッ……

鶏肉の表面に一通り火がとおったところで

ル)カリークリームを水100ccに溶いて(と言いながらお椀に入れたカリークリームを手早く溶く!!)鍋の中に入れるね。(写真9)

ジュワーっといい音と香りが立ち上ってきます♪

ル)そしたら味付け。塩とコショウを入れて、中火にして、フタして、15分くらい待つ。塩とコショウは……わかるよね?

犬)味付けはお好みでってことですよね。

後でココナッツミルク入れますんで少々濃い目でもOKかと思います。

先日テレビのワイドショーで「家庭でもスパイスを使った料理を作る主婦が増えている」という特集をやっていて、その話題になりました。

犬)それで、主婦2人が家の炊飯器でスパイスライスを炊こうとしてるんですけど入れてるターメリックの量が絶対多いんですよ。「入れすぎ入れすぎ!!」みたいな。

ル)ターメリックはそんなにいっぱい入れないね。食べられなくなるよ~。

犬)苦くなりますよね……。

時折、焦げ付かないように木ベラで混ぜ、肉への火の通り具合を確認してはまたフタをし……。完全にチキンに火が通ったところで(写真10)

ル)ココナッツミルク入れるよ~。一気に鍋の中へ投入!! 鍋の中が白濁!!(写真11)

ル)塩もうちょっと入れるね。

犬)えー、煮込みながら味見して塩を足していって味を調えてください。

ル)5分くらい弱火で煮るよ。

犬)ハイハイ。

弱火で少し煮込んだところで最後の仕上げです。(写真12)

ル)レモン汁入れます。

犬)どれくらい?

ル）大さじ1かな。……ハイできた～。

なにやら大量にできてしまいましたがチキンカリーの完成です。お店で出しているものはもっと大きいお鍋にチキンをたっぷり入れてもっと長く煮込み、寝かせてからお出ししているので完全に全く同じ味というわけにはいきませんが……。

ちなみに冷蔵庫で冷やすとグレービーはゼリー状に固まっちゃうくらいコラーゲンいっぱい!!

唐辛子&チリパウダーのカプサイシン効果で血行も代謝もよくなっていいこと尽くめ!! ターメリック（いわゆるウコン）も入ってて健康志向の方にもオススメです。女性に汗だくになって召し上がっていただきたい!!

チキンカリーのおさらい

鶏肉（もも）…… 500g
トマト …… 中くらいを1/2個
タマネギ …… 中くらいを1/4個（みじん切り!!）
ニンニク …… 3片をみじん切り
ショウガ …… みじん切りにして大さじすりきり1
青唐辛子（グリーンチリ）…… 10cmくらいのを1本
カリーリーブス …… 7枚
シナモン …… 3cmのスティック状のものを2本
カルダモン …… 5～6粒
クローブ …… 10～15本
フェヌグリーク ……小さじ1/2
レモングラス …… 6cmくらい
サラダ油 …… 大さじ2～3

〈スパイス〉
チリパウダー …… 大さじ山盛り1（お好みで加減してください）
カリーパウダー …… 大さじ山盛り1
ターメリック …… 小さじにすりきり1/2
カリークリーム …… うずらの卵大くらいのカタマリを1つ（100cc程度の水で溶く）

〈ココナッツミルク〉
ココナッツミルクパウダー …… 大さじ山盛り3
お湯 …… 300cc

塩・コショウ …… 適量
レモン汁 …… 大さじ1くらい。果実1/4を絞り入れるといいですよ

スパイスを炒める時は焦がさないように注意!!

「骨付きチキンカリー」

今回は定番のチキンカリーを骨付きモモ肉で作ってみました。
クリスマスの頃にはスーパーでも普通に扱っていると思いますので、
大きいお鍋があるのでしたら切らずにレッグ状態のままで調理すると
見た目のボリュームがUPします！思いっきりクリスマスディナーとか
予約でいっぱい（皆様ありがとうございます……!!）な日に
厨房に行っておそるおそるルーパーさんに切り出しました。

犬）ルーパーさーん。いつもの料理教室、今月は何作る？

ル）いつ？

犬）明日！……。忙しい？別の日にする？

ル）うーん、いいよ。

犬）明日でいい？

ル）いいよーー。

犬）何が良いかな？何か安いの買ってくるね。

忙しい中、引き受けてくれました♪
ヨカッタヨカッタ。

で、スーパーに買い出しに。クリスマスなので骨付きモモ肉がいっぱい並んでいます……。そして野菜コーナーに行くと半分で50円の白菜が。白菜を買っていったらルーパーさんは何か作れるのか……。激しく興味が湧いてきました。のでチキンレッグ2本と白菜半分を購入。翌日ヌワラエリヤの厨房に持っていきました。

犬）ルーパーさーん！あのね鶏の脚と白菜買ってきた！

ル）はくさい？

ものっすごいビミョーーな顔をされました。

犬）この脚でカリー作ったら豪華かなって思ったんだけど……。

ル）できるよ。切るけど。

脚状態のままでは作らないのか。

犬）クリスマスだから脚いっぱい売ってあって安かったの。白菜も安かったし。白菜じゃ何も作れない??

1

2

ル）白菜ね！……ジャガイモと一緒にカリーにしたら美味しいよ。

犬）白菜のカリー!! できるんだ！

ル）できる。おいしいよ。

犬）へえ。じゃあモモと白菜、どっち作る？

ル）どっちでもいいよーー。

犬）白菜はしばらく安いけど骨付きモモは今しか安くないかも。白菜は来月にしようか。

ル）いいよー。

犬）じゃあ今日は骨付きモモのカリーね。

メニュー決定。改めてランチの混雑が落ち着いた頃に厨房に行くとすでに材料をお皿に並べてルーパーさんが待っていました♪

犬）はじめようかー！まず材料の分量から教えてください。

ル）うん。

チキンの脚、骨付きモモは2本。骨ごとぶつ切りにしてあります。（写真1）

犬）このタマネギ（みじん切り）は？いつもより少ないね？

ル）そうね。えーーと8分の1？半分の半分の半分。

犬）そうだね。8分の1だね。タマネギ8分の1、と。このトマトは？これも8分の1？

ル）そうね。

トマトも8分の1。

犬）ニンニク、ショウガ（それぞれみじん切り）は？小さじ1？

ル）いや、大さじ。このスプーンに1ずつね。

いつものカレースプーンを見せるルーパーさん。うん。確かに大さじだ。

犬）フェヌグリークは？

ル）小さじ半分ね

ル）クローブはね……。

犬）1、2……8本くらいあるよ。

クローブ8本。シナモンは3㎝くらいだね。シナモンはスティック状のを1本です。

ル）カルダモンは6個くらいね。

カルダモンは6粒。軽く叩いてさやをつぶしてください。

犬）ん？コレは？

ネギの根元あたりのような、みょうがの伸びてきてる茎の部分のような……。

ル）レモングラスね！

犬）ああ！レモングラスも使うの！

ル）うん。

3㎝くらいのを2本です。

犬）グリーンチリ（青唐辛子）1本。葉っぱ（カリーリーブス）は……。

ル）20枚くらいかな？

犬）えーと……。（数えている）15枚くらいだね。（写真2）

ル）次、スパイスね。カリーパウダー小さじ2ね。

小さじに山盛りで2杯です。

犬）チリパウダーは？

ル）小さじ1ね。

いつもはだいたい小さじ2分の1だよね……。何だかすごく辛くなる予感。

ル）ターメリックは小さじ半分ね。

この横のカリークリームは小さじ1。（写真3）

犬）ふんふん。

やっぱりちょっといつもよりスパイスが多めなようです。

ル）後は塩・コショウと炒める油ね。オリーブオイル大さじ2くらい。

とか言いながらとっとと油を大きめの片手鍋に入れるルーパーさん。どうやら調理開始らしい。

鍋を火にかけ、十分に熱している間にトマトと青唐辛子を細かく刻むルーパーさん。続いて……。

ル）トマトとグリーンチリ以外を入れるよーー。

材料を一気に鍋に投入。正確にはタマネギ、ニンニク、ショウガ、クローブ、シナモン、カルダモン、レモングラス、フェヌグリーク、カリーリーブス、を熱くなった鍋に投入してください。

ル）茶色くなるまで炒めるね。香りが出るよ～。（写真4）

木ベラで混ぜながら炒めるルーパーさん。

ホントだ！ニンニクやタマネギの香ばしい香りにスパイスの香りが混ざったなんともおいしそうな香りがジュージューのお鍋から……!!

ほんのりタマネギが茶色に染まってきたら火を弱くして……。

ル）スパイス入れるね。

犬）ふんふん。

ル）順番があるよ

犬）え、そうなの？

ル）まずはチリパウダー。

チリパウダーだけを鍋に入れて手早く混ぜます。

ル）混ざったらすぐに残りのスパイスを入れるね。

カリーパウダー、ターメリック、カリークリームを投入。

ル）焦げないように注意しながらよく混ぜて炒めるね。

スパイスがよく混ざって全体がしっかり交じり合って火が通ったところで……。

ル）チキンとトマトとグリーンチリ入れるね。

本命のチキンをトマト、青唐辛子と一緒に投入します。（写真5）

ル）2、3分くらいしっかり炒めるね。

犬）火は弱火のまんまだね。

ル）そうね。焦げないように注意してね。

木ベラで底からしっかり混ぜながら炒めます。全体がスパイスで茶色く染まっていい香りが立ち上ってきますよ！

ル）水をチキンのレベルまで入れるねーー。

犬）チキンのレベル？

ちょうど材料のチキンがひたひたに浸かるくらいの水量のコトのようです。お鍋にじゃーーーっとお水を注いでください。（写真6）

ル）ちょっとチキンが見えるくらい？チキンの8分目くらいまでね。

犬）しばらく煮るの？

ル）うん。15分くらいね。

犬）フタは？

ル）するよーー。

火はさっきの弱火よりちょっと大きく。中火と弱火の中間くらいです。

犬）この間にココナッツミルク？

ル）そうね。

小さめのボウルを用意するルーパーさん。

犬）量はどれくらい？

ル）大さじ3かな

ボウルにココナッツミルクパウダー

6

7

8

を大さじ山盛り3杯。やかんのお湯を持ってきて測りながらボウルの中に入れます。

犬）お湯はどのくらい？
ル）そうね80ccくらいかな……。100cc行かないくらい。
泡だて器でかき混ぜてダマにならないようにミルクを溶かしてしまいます。後はお鍋の方の煮えるの待ち状態。
ル）骨付きで作ったらね、コクが出て美味しいよ。
犬）コク……。

どこで覚えたんでしょうねそんな日本語……。たぶん教えたのはオーナーだと思うんですが……。

その間もちょこちょこお鍋のフタを開けて焦げ付いたりしていないか木ベラで時々かき混ぜながら確認。チキンには火が通って、全体の水量が最初入れたときの半分くらいに減った辺りで（写真7）
ル）ココナッツミルク入れるよーー。
お鍋にまわしかけるように流し込みます。ちょろっと味見をして……。
ル）ちょっと塩足すね。
味を調えます。
ル）最後にレモン入れてできあがりね。
レモンを6分の1個、くし切りにしたものをお鍋に直接絞りいれます。

犬）完成？
ル）うん。完成！（写真8）
骨付きのチキンがゴロゴロッとしてボリュームあります。香りを出すために丁寧に炒めたのでホントにスパイスの香りがイイ!!でも……。チリパウダー小さじ1にグリーンチリ1本……。辛さの方もけっこうありそう……。K村さん……合掌。以上、完成です～。

さて。こぼさないようにしながら事務所に持って帰ってK村さんと試食。うん！旨い!!そして辛い!!この寒いのにハアハア言いながら食べてたら……K村さんが……。「目から汗が出てきたよ！！！」名・言・で・す。

そして完食する頃には何だか胃の辺りからポカポカ……。温かくなってきました。冬こそカリー食べなきゃ!!と改めて思い知った今年最後の料理教室となりました。

骨付きチキンカリーのおさらい

チキン骨付きモモ …… 2本
　クリスマスに持って食べるような奴
トマト …… 1/8個
タマネギ …… 1/8個
ニンニク …… みじん切り大さじ1
ショウガ …… みじん切り大さじ1
フェヌグリーク …… 小さじ1/2
クローブ …… 8本
シナモン …… 3cmを1本
カルダモン …… 6粒
レモングラス …… 3cmを2本
青唐辛子 …… 1本
カリーリーブス …… 15枚ほど
塩・コショウ …… 適量
オリーブオイル …… 大さじ2
水 …… 適量
レモン …… 1/6個
〈スパイス〉
カリーパウダー …… 小さじ山盛り2
チリパウダー …… 小さじ1
ターメリック …… 小さじ1/2
カリークリーム …… 小さじ1
〈ココナッツミルク〉
ココナッツミルクパウダー …… 大さじ山盛り3杯
お湯 …… 80cc

チキンカリーは辛くないと
美味しくないですが、チリパウダーは
半分に減らしてもいいかも

「ポークカリー」

今回は超久しぶりにお肉でカリーを作りました。「ポークカリー」なんて老若男女に好まれそうな響きの料理ですがルーパーさんが作れば「お子様はお断り!!」なハードな料理に。この猛暑にはぴったりの一皿です。

犬）今回何教えてくれますか??

ル）ん〜〜もういっぱい作ったからね……。

ネタ切れになりつつあるのかこの企画……。

犬）豚肉とかは?

前の週に開催された家庭料理の会でルーパーさんがポークカリーを作っていたのを思い出したので言うだけ言ってみました。

ル）ポークカリー?

犬）うん！それがいい！

ル）じゃあそうしよう。

今回のメニューはポークカリーに決定。

犬）豚肉、何買ってきたらいい?

ル）モモ?カレー用って売ってあるヤツ。

犬）ああ、何かあるね。それでいいの?

ル）ウン。

取材前日の夜にスーパーに行って肉をGET。豚モモ塊を買ってみました。翌日ヌワラエリヤの厨房に持ち込みます。

犬）……でかい?

ル）いや、大丈夫。

犬）じゃあちょっとツナパハに行ってから戻ってくるね!!

肉を置いてツナパハの方へ所用を済ませに行き、20分後、戻ってきました。

犬）戻ってきたよ!!

ル）いいよーーはじめようかーーと言いながらカメラを準備していたら……また電池忘れた！！！

犬）ごめんルーパーさん!!電池がない!!買いに行ってくる!!

ル）1カ月前もなんか買ってなかった……?

犬）うん。入れてた電池抜いて事務所においてきたの（爆）！

ル）……。

再び猛暑の外へ飛び出す私。必死にチャリこいでカメラの電池買って20分かかって戻ってまいりました……。

犬）ごめん……。お……待……た……せ……（汗だく息も絶え絶え）。

ル）わかった。
すでにスパイスなどの材料は揃えてお皿に並べてある模様。すまんごめんルーパーさん。

ル）まず肉をこんなカンジで切るね。
塊だった豚の塊を「カレーに入ってる肉」サイズに切っていきます。サイコロ状に一口よりちょっと大きいくらいのサイズで。（写真1）

犬）肉、そういや何gあったっけ??

ル）えーと、350g。

犬）けっこうあったねえ。

ル）そうねえ。

犬）豪華じゃん!! ご馳走だね♪

ル）夏バタケにいいよ。

犬）夏バタケ……? 違げーよ！ 夏バテだよ！

ル）それそれ。夏バテ（爆笑）。
自分で言って自分でウケてる……。でもその日本語能力はすげえよルーパーさん。
次は他の材料。先に準備しておいたお皿にのった他の材料を持ってくるルーパーさん。

犬）えーとまずタマネギのみじん切りね。4分の1?

ル）ううん。もっと少ないね。

犬）この量だと……6分の1くらいか?

ル）そうね。
タマネギのみじん切りを6分の1個分。

犬）トマトは?

ル）4分の1。
トマト4分の1をやっぱり細かく刻んでください。

ル）ニンニク、ショウガは小さじ1。

犬）小さじ?小さじね。ニンニクのみじん切りとショウガのみじん切りを小さじに1ずつね。OK。（写真2）
すでに刻んであってわからん……。

犬）カリーリーブスは……（目で数えてます）きっちり15枚。フェヌグリークは……?
パッと見、干からびたデラウェアの種っぽいフェヌグリーク。香りは甘いのですが……海外ではピクルスをつけたりするのに使うそうです。

ル）フェヌグリークは小さじ4分の

1ね。

犬）それからクローブが……10本。カルダモンは4粒ね。

あ、チェックし忘れるところでしたがカリーリーブスが15枚。青唐辛子が1本入ります。まだ黄緑色の鞘に収まったままのカルダモンが4粒。茶色い釘みたいなクローブが10本。

ル）シナモン1本。

犬）シナモンは3㎝くらいのスティック状のを1本です。

ル）次スパイスね!!

いつも思うんですがここまではルーパーさんの中では「メイン以外に入れる材料」と言う認識らしい。クローブもシナモンスティックも材料。粉末状のやつをスパイスって言うのかな……。

ル）カリーパウダー小さじ1。

犬）小さじ1？いつもより少ないね。

ル）そうかね。

犬）そうだよ。

ル）チリパウダーも小さじ1。辛くしたかったら増やしていいよ。

犬）ふんふん。お好みってヤツだね。

ル）カリークリームも小さじ1。（写真3）

当店オリジナルブレンドのカリークリームを小さじ1。やっぱり肉魚でカリーを作る時は必ず入るなあ……。動物系の力強い出汁に負けない風味が必要ってことでしょうか。

ル）ターメリックも小さじ半分ね。後、塩・コショウ少々。

犬）ハイハイ。少々……っと。

ル）じゃあ作ろうかー。

手ごろな片手鍋を持ってきたルーパーさん。

ル）後は簡単ね。全部入れるよ～。（写真4）

犬）ああ……いつものパターンか……。

今用意した材料をスパイスもトマトも何もかも全部鍋に入れてしまいます。ごちゃーっとして葉っぱ（カリーリーブス）やら木（シナモン）やら見えてて怪しげなカンジ。

ル）コレに水を入れるね。えーっと肉が被るくらい……。

犬）全部の材料が浸るくらいだね。

ル）そうそう。

水を入れたら軽くかき混ぜます。まあこの後煮るんで、そこまで神経質になることはないですが、カリークリームとか固まり状態だったのでちゃんと溶けるように!!水はスパイスで茶色く染まっていよいよ怪しいことになっています。（写真5）

ル）で、煮るね。

犬）強火？

ル）強火。フタもしないね。ボコボコってなったら弱火にしてフタする。

犬）ボコボコ……って沸騰したらってことか。

混沌状態の鍋を火にかけます。フタはしないまま沸騰するまで強火で。しばらくすると沸騰してきたのでそこで火を弱火に。フタをかぶせてください。

ル）で、煮るね。40分くらい。

犬）長いな！

ル）肉に火が通って、その後やわらかくなるまで煮るね。

犬）ふーん……。

そこからずーっと、たまにフタをずらして鍋の様子をチラチラ見ながら辛抱の時間が始まりました……。

ヒマなのでおしゃべりします。

犬）ねえ。今日はココナッツミルク入れないの？

ル）入れないね。

犬）おお、じゃあこれがウワサのココナッツミルクの入らないカリー！

犬）ねえ。スリランカはあんまりお肉食べないね？

ル）そうね。チキンばっかりね。

犬）鯨は？食べる？

ル）食べないね！カワイソウだよ。

えー、そうなんだ。同じ島国だから食べる習慣があるんじゃないかと思ってたんですが、そういうことはないらしい。

犬）日本はね、お侍さんとかの時代には4本足の動物は食べなかったんだよ。魚とか……食べて鳥くらい。卵も牛乳も病気の人の食べるお薬だったんだよ。だから鯨は食べてたの。大きい魚みたいなもんだから。

ル）ああ、なるほどね。

犬）じゃあねえ、スリランカでうなぎは食べる？

ル）食べるよー。

えー、鯨は食べなくてうなぎは食べるんだ。初めて知りました。どうやって食べるんだろう……。カリー？

スタッフの女の子）それ、何作ってるんですかー？

ホール担当のスタッフの娘にいきなり訊ねられました。

犬）え、豚カリー。

スタッフの女の子）豚カリーですってよ。

誰に話しかけてるんだ？と思ったら彼女の向うにちらりと見えるはオーナー!! 完成品を狙われています！

そうこうしているうちにけっこうな時間が経ちました。チラチラ鍋の中を確認するルーパーさん。

ル）水が減ってドロドロってなった状態になったらOKね。（写真6）

犬）ドロドロ??

ル）うん。始めに入れた水がなくなって、肉から水が出て……。で、ドロドロ。

何かよくわかりませんが、汁気が減っていってとろみを帯びた状態になったら完成、と言うことらしいです。

ル）ヨシ。ドロドロなったよ!! 完成!!

鍋の中を覗くと確かにサラサラだった茶色い怪しげな水気は飛んでちょっととろみのついた茶色いグレービーができています。そしていつにも増してスパイスの強烈な香り！

犬）おお～～!! 美味しそうだねえええ。

ル）社長も待ってるから全部持って帰るね？

犬）ああ、うん。すみません……。

以上、完成です～。

お弁当箱に入れてもらって事務所に持って帰ってきました。事務所でK村女史とオーナーと3人で分けて食べることに。オーナーは食べたことある味なんでしょうが我々は未知の味です。

試食すると……。スパイスの強烈な香りとかなり強い辛味!! そして物凄く美味しいです!! ハアハア言いながら完食。食事をしたというのにスポーツを終えた後のような達成感と充足感。コレは確かに夏バテに効く!! ポークとスパイスのみで作る、まさに本物のカリーってカンジの料理です。たぶん……お子様には理解してもらえない味だと思うので大人だけで楽しむが吉の味でございます。

ポークカリーのおさらい

豚肉 …… カレー用の塊を300g強
トマト …… 1/4個
タマネギ …… 1/6個
ニンニク …… みじん切り小さじ1
ショウガ …… みじん切り小さじ1
カリーリーブス …… 15枚
フェヌグリーク …… 小さじ1/4
クローブ …… 10本
カルダモン …… 4粒
青唐辛子 …… 1本
シナモン ……3cmを1本
塩・コショウ …… 少々
水 …… 材料が浸るくらい

〈スパイス〉
カリーパウダー …… 小さじ1
チリパウダー …… 小さじ1
カリークリーム …… 小さじ1
ターメリック …… 小さじ1/2

今回は火加減
全体的に弱めです！

「厚揚げとミンチのカリー」

鶏のひき肉と厚揚げでもカリーは作れる!! 厚揚げはお豆腐でも大丈夫ですよ♪
里帰りして再来福が遅れていたルーパーさんが戻ってきました!
帰ってきてすぐでお疲れのところ申し訳なかったのですが、
レシピを待ってる皆さんのためにもお願いしないわけには参りませんので
ヌワラエリヤにすっ飛んでってお願い!

犬)ルーパーさーーーん!
おかえりーーー待ってたよーーー!

ル)帰ってきたね!

とりあえず挨拶&握手。

犬)あのね、また何か作って教えてほしいんやけど……明日何か買ってきていい?

ル)いいよーー。

犬)ありがとう! 先月お休みでお客さん皆待ってるからねえ。

ル)ハロルドさんに教えてもらえばよかったのに。

ヌワラエリヤにいるコックさんの1人、ハロルドさんはルーパーさんと入れ違いになる形で奥さんを呼び寄せていて、何やら最近毎日楽しそう。ちなみにまだ2人とも日本語はあまり話せません。

犬)うん、まだハロルドさん日本語難しそうやし奥さんも来てて忙しそうやったしね。

ル)そうねーー。

そしてその会話の内容をルーパーさんは横に座ってたハロルドさんに通訳。来年ルーパーさんが帰る頃にはハロルドさんも私と意思疎通が可能なくらい日本語が達者になっているでしょうか……? それはともかく。

翌日スーパーに行って買ってきたのは、むきグリーンピース、厚揚げ、鶏ひき肉の3つ。コレを渡してさあルーパーさん何作るのかなーーーと思いつつヌワラエリヤの厨房に持ち込むと……。

ル)コレ何?

犬)厚揚げ! 豆腐のフライね!

ル)ふーーん……。

犬)チキンのミンチでカリーとかできる?

ル）できるよ

！！！できるのか！！！

一度作ってみようとして失敗したのです。

ル）ミンチとトーフでカリー作ろうか？

犬）2つ入れてできるの？

ル）できるよーー。

犬）じゃあそれがいい！

本日のメニュー決定！早速調理開始。まずはミンチ、厚揚げ以外の材料をお皿に出して揃えます。

ル）まずニンニクとショウガね。

ニンニクのみじん切りとショウガのみじん切りですね。

犬）大さじ？

ル）大さじ。

ニンニクとショウガのみじん切り、それぞれ大さじ1ずつです。

ル）グリーンチリ1本ね。タマネギも。

犬）タマネギはどれくらい？

ル）んーー、だいたい4分の1？みじん切りね。

タマネギ4分の1個、みじん切りにしてください。

ル）次、カリーリーブス！

もさっと枯れた葉っぱを皿の上につまみ出したルーパーさん。

犬）えーと……。（数えている）15枚くらいあるね

ル）そうね。

はっぱ15枚です。（写真1）

ル）次トマトね。4分の1個。小さく切るね。（写真5）

コレもできるだけ細かく……みじん切りとまではいきませんが刻んでください。

ル）フェヌグリーク、コレくらい。

つぶつぶを瓶から少し取り出してお皿に出してます。いつもよりちょっと多い……ような。

犬）コレどれくらい？

ル）小さじで3分の1くらい

犬）3分の1ね

次はシナモンです。

3

4

5

ル）コレくらいね
と言いながらスティック状のをポキッと折っておいたルーパーさん。だいたい3㎝くらいの長さです。
ル）だいたいコレくらい？
犬）カルダモン入れないの？
ル）！！入れるね！肉使うから！
肉や魚でカリー作る時はいつもクローブ、カルダモン、カリークリーム入れますからね！

ルーパーさん、1カ月半お休みして勘が鈍ったか（笑）。
ル）カルダモン4つね
4粒ですね。薄緑色の鞘を4粒。まな板の上で包丁寝せて上からぎゅっと押さえて鞘を軽くつぶしてください。
ル）クローブは6……。
犬）釘みたいなの6個ってことね？
ル）そうそう。
犬）クローブ6本ね。
ル）次はスパイス。
以上が材料でした。以下スパイスと調味料！
ル）チリパウダーこれくらい。
小さじですくって見せてくれます。
ル）だいたい……半分くらい？
犬）そうね。
チリパウダー小さじ2分の1くらい。辛くしたい方は増やしてください♪
ル）カリーパウダーは小さじ1くらい小さじに山盛り1です♪
ル）ターメリック。小さじにちょっとね
犬）4分の1くらい（いつもそうだから）？
ル）そうね。それくらい。あと塩・コショウとカリークリーム。塩・コショウは……。
犬）少々？
ル）そうね。
少々、というか適量ですね。カリークリームは小さじに1杯ほどです。（写真2）
ル）あとはココナッツミルクとお湯ね。
ここで一番最初の鶏ひき肉と厚揚げに戻ります。
ル）チキンミンチ、どのくらいあった？
パックの表示を見ると300gほど。
ル）トーフは？
犬）389gって書いてあるよ
だいたいお豆腐1丁分の大きさです。
ル）……ミンチと同じくらいの量がいい。ちょっと多いね。
犬）減らす？
ル）余ったらもったいないから今日はそのまま使うけどホントはミンチとトーフは同じ量がいい。
だそうです。厚揚げはだいたい8等分に切ってください。それでは調理開始！（写真3）
ル）まずミンチに塩・コショウとカリークリーム混ぜるね！
器に出した鶏ひき肉300gにかるーく塩とコショウ。そして小さじ1ほどのカリークリームを練りこむ感じで混ぜていきます。（写真4）
犬）混ぜちゃうんだね……。
ル）そうね。
ねっちねっちとひき肉をまぜまぜするルーパーさん……。泥んこ遊びっぽくてちょっと楽しそう♪適当に混ぜ終わったところでお鍋をコンロに出します。大きめの片手鍋。そこ

に炒め用の油を入れるわけですが……。

ル）だいたい大さじ2〜3くらいね！

大さじ3ほどのオリーブオイルを入れました。火は強火でGO！鍋が熱々になったところで

ル）まずタマネギとグリーンチリからね。

タマネギとグリーンチリを投入。手早く炒めてからすぐに……（写真6）

ル）トマト以外ねーー。

犬）？トマト以外!?

正確にはスパイスとひき肉、厚揚げとトマト以外です。ニンニク、ショウガ、シナモン、カルダモン、クローブ、フェヌグリーク、カリーリーブス。コレも手早く炒めてください。軽くタマネギが色づいてきたあたりで火を弱めて……（写真7）

ル）スパイス入れるね。まずチリが先。

チリパウダーを投入！ちゃちゃっと混ぜたら続いてカリーパウダーとターメリックを。全体に絡まるように、焦げ付かないように手早く！が大事です。

ル）ミンチ入れるねーー。（写真8）

その中にようやく主役その1のひき肉（カリークリームと塩・コショウでねちねちのやつ）を投入します。火は強火で。ここでしばし丁寧に木ベラでミンチを炒めていきます。細かく手を動かして、ひき肉を練ったりせずバラバラにほぐす要領で炒めてください。練ったら今炒めたスパイスや他の材料までひき肉の中に閉じ込めてしまうことになりますので注意！炒める途中、ひき肉に半分ほど火が通ったかな〜……。というところで

ル）トマト入れるねーー。

犬）おお、ここでトマトね！

トマトを投入してからも数分間、時間をかけて丁寧に、ひき肉が適当な大きさにばらばらになるまでしっかり炒めているところで……。（写真9）

ル）ココナッツね！

ルーパーさん、鍋を放置してココナッツミルク作りに走る！小さいボウルを用意して

ル）ミルク大さじ2くらいね

犬）いつもよりちょっと少ない？

ル）そうね。

大さじに山盛り2杯のココナッツミルクパウダーを入れて、

ル）お湯だいたい100ccくらいね。

ボウルの中にお湯100ccを注いで泡立て器でかき混ぜキレイに溶かします。それを持ってお鍋の方に戻ると……。

ル）トーフ入れるよーー。

ここでようやく厚揚げを投入します。乱暴にまぜると崩れちゃいますから木ベラで優しく転がして手早く全体を絡めつつ軽く炒めてから……（写真10）

ル）ここでココナッツ入れるねーー。

犬）今日は「水入れフタして煮込む」しなかったね。

ル）そうね。

と言いながらココナッツミルクをお鍋に一気に流し込み木ベラで丁寧に混ぜて煮込んでいきます。

犬）だいたいどのくらい煮るの？

ル）……5分くらい？

ナゼ疑問形で私に聞くのか（笑）。と

9

10

11

もかく5分ほど強火で煮込んでいきます。ぐつぐつ煮立ってきたら火を弱火に！沸騰させすぎるとスパイスやココナッツの香りが飛びますので……。

弱火で数分、くつくつと煮たあたりで火を止めてちょっと味見。塩・コショウで味を調えてから……。

ル）完成ね！

鶏ひき肉と厚揚げのカリー、完成です！（写真11）

ル）コレ、スパゲティとかにかけたら美味しそうね。たぶん美味しい。

犬）スパゲティ。へー……。

ル）あとね、ビーフのミンチだったらもっと美味しいよ！

犬）また最後にすべてを覆すようなことを言う！！！

事務所に持って帰ってK村さん、オーナーと試食。辛さは控えめ、ココナッツミルクの風味が厚揚げにマッチしています！厚揚げの切り方が大きめでミンチも大きめの塊を残して炒めてありますので具がしっかりしていて食べ応えがありますよう！今回はあまりK村さんが辛いって大騒ぎしませんでした♪良かった良かった♪

厚揚げとミンチのカリー おさらい

鶏ひき肉 …… 300g
カリークリーム …… 小さじ1
塩・コショウ …… 適量

厚揚げ …… 300g
トマト …… 1/4個
タマネギ …… 1/4個
ニンニク …… みじん切りを大さじ1
ショウガ …… みじん切りを大さじ1
青唐辛子 …… 1本
カリーリーブス …… 15枚
フェヌグリーク …… 小さじ1/3
シナモン …… 3cmを1本
カルダモン …… 4粒
クローブ …… 6本
オリーブオイル …… 大さじ3

〈スパイス〉
チリパウダー …… 小さじ1/2
カリーパウダー …… 小さじ山盛り1
ターメリック …… 小さじ1/4

〈ココナッツミルク〉
ココナッツミルクパウダー …… 大さじ山盛り2
お湯 …… 100cc

「ビーフカリー」

スリランカでは仏教やヒンズー教を信仰している方が多いので牛や豚はあまり食べません。けど、当店のコックさんたちは海外のホテルなどで働いてた経験のある方ばっかりですのでわりと柔軟に頼めば調理はしてくれます。（味見くらいはするけれどもちろん自分で食べたりはしません）で、今月はお正月前と言うこともありまして豪勢にビーフカリーに挑戦することになりました♪年末も差し迫り、ラーメン仮面のOPENも迫った12月某日。それでも料理教室の取材はやってくるのです。いつものごとく、ヌワラエリヤの厨房に行ってルーパーさんに相談！

犬）ルーパーさん！またね、料理教えてほしいんやけど……。今度の月曜日とか大丈夫？
ル）月曜日？
犬）忙しい？
ル）いや、大丈夫。
犬）また何か勝手に買ってきていい？
ル）いいよー。

了承を得たので料理取材の前日夜にスーパーに行ってみました。クリスマス前ということもあって豪華な食材がいっぱい！お肉のコーナーをウロウロしてカレー用の牛肉を発見。これでビーフカリーはどうだろう？さらにおでんコーナーで牛スジ串、あとマロニーを買ってみました。ルーパーさんにこれ渡したらどんな料理になるのやら。興味本位です。ルーパーさんごめんね！それを持ってヌワラエリヤの厨房へ。

犬）ルーパーさん！買ってきたよーー。
ル）何買ってきた??

買い物してきたブツをスーパーの袋ごとルーパーさんに渡します。

ル）ビーフ？これいいね。カリーできるよ。
犬）そうやろ（思ったとおりです）？

1

2

3

ル）これなに。

犬）それね、おでんとかに入ってる牛スジ。ビーフだよ！

ル）ふうう〜ん……これは？

犬）マロニー！太い春雨みたいなの。おいしいよ。

ル）ああ、春雨ね。

犬）ルーパーさんがどんな料理にするか気になったの。

ル）今日はこれでビーフカリー作ろうね。これ（スジ）は何か作ってあげるよ。

犬）わあい♪じゃあマロニーはあげるよ！ルーパーさん食べていいよ。

今日のメニューはビーフカリーです！

ル）じゃあ作ろうか。

おもむろに材料を刻みだすルーパーさん。あわてて並べるお皿を取りにいく私。

ル）まずタマネギからね。

犬）タマネギどれくらい？

ル）4分の1ね。

タマネギ4分の1をみじん切りにしてください。

ル）ニンニクショウガね！

と言いながらスプーンですくってお皿にどんどん盛っていくルーパーさん。

犬）えーと、大さじ？小さじ？

ル）大さじね！

ニンニクのみじん切りとショウガのみじん切りを大さじ1杯ずつ。

ル）次！トマト。

犬）トマトはどれくらいですか？

ル）ん〜〜、4分の1くらいね。

トマト4分の1個をダイス状に小さく刻んでください。

ル）グリーンチリ1本。

青唐辛子を1本。斜めにスライスしてください。

ル）カリーリーブスねーー。

犬）はっぱ何枚？

ル）15枚くらい。

犬）15にしちゃちょっとそれ少なくない？8枚くらいしかないやん

ル）おお、ハイ、これで15枚くらいね。

OKOK。ちょうど15枚くらいになりました。

ル）レモングラス入れるよ！

おお、今日はレモングラスも使うようです。ルーパーさん、レモングラスを1本取り出してきました。

犬）だいたい……10㎝くらい？

ル）そうね。

レモングラスは10㎝を1本。

ル）フェヌグリークはこれくらい。

犬）小さじ4分の1？

ル）そうね。

と言いながらシナモンを出すルーパーさん。

犬）シナモン……だいたい3㎝くらいね。

ル）そうね。

シナモンはスティック状のものを1本、3㎝くらいです。（写真3）

ル）次スパイスね！

すかさずスパイスを並べるお皿を出す私。

犬）カリークリーム使うんやろ？

ル）うん使う。

そう言いながらルーパーさん、カリークリームを出してきました。

ル）カリークリーム小さじ2分の1ね〜。

黒い塊がお皿にのります。

4

5

6

ル）カルダモンね。6粒くらい。つぶすといいね。

カルダモンの緑色のさやを寝かせた包丁で上から押してつぶし香りが出やすくしておきます。

ル）クローブ10本くらいね。

黒い釘みたいなクローブを10本。

ル）ターメリック！小さじに2分の1ね。

黄色い粉も出します。

ル）チリパウダー小さじ1ね

ん？ちょっと多くないか？と思ったら……。

ル）もっと辛くする？

犬）……それは……K村さんが絶対食べられないよね？

ニヤリと笑うルーパーさん。確信犯！

犬）いや、これくらいでいいよ。

ル）そうね♪

未遂に終わりました。K村さん！大丈夫だよ！

ル）あとカリーパウダーね、小さじに1と2分の1。（写真2）

やっぱりいつもよりちょっと多め。お肉を使うカリーだからでしょうね。

ル）あと炒める油とココナッツミルクと塩・コショウね。

材料が出揃ったところで料理開始！

牛肉はカレー用のものを買ってきたので、すでに程よい大きさにカットしてあります。（写真1）

ル）カリークリームを塗るね。あと塩・コショウ。（写真5）

ボウルに入れた牛肉にカリークリームの塊を入れて手で万遍なくからむように混ぜていきます。さらにそこに軽く塩とコショウを振りいれて混ぜ混ぜ。

ル）本当はね、15分くらい置いておくけど今日は時間ないからね。このまま作る。

時間短縮のためにはしょりますが、みなさんがご家庭でチャレンジする時はちゃんと15分ほど寝かせて肉にカリークリームをなじませてくださいね。

ル）じゃあ炒めるよー。

鍋を強火にかけます。そこに炒め用のオリーブオイルを投入するルーパーさん。

犬）油、大さじ2？

ル）そうね。

量は大さじ2杯ほどで。鍋が十分熱せられたところでルーパーさん、材料を一気に投入します。

犬）トマトと肉以外？

ル）そうね！

まずはタマネギ、ニンニク、ショウガ、青唐辛子、カリーリーブス、レモングラス、フェヌグリーク、シナモン、カルダモン、クローブを炒めます。ジュワーーッと音がして香ばしい香りが立ち上ってまいります。（写真6）

7

8

9

ル）茶色くなるまで炒めるね。

正確には「茶色っぽく色づき始めるまで」です。茶色くなるまでは炒めすぎ。

茶色っぽくなってきたところで火を弱火にして粉末スパイス（カリーパウダー、ターメリック、チリパウダー）を投入します。（写真7）焦げやすいので注意しつつ手早く混ぜてすぐにトマトと肉を投入してください。全体がよくからむように混ぜながら手早く炒めていきます。（写真8）

犬）どのくらい炒めるの？

ル）んーー表がね、焼けるくらい。

肉の表面に火が通って赤いところが見えなくなるくらい、ということのようです。牛肉の表面に火が通ってしまい、全体がしっかりなじんだところで……。（写真9）

ル）水入れるね！

その中に水を注ぎこみました！

犬）水どのくらい？（写真10）

ル）これくらい。

全体がひたひたに浸かってしまうくらいの量の水を入れてしまいます。

ここで火を中火に。

犬）けっこう入れたね。

ル）そうねえ。

そのまま煮ていく模様。鍋の中が沸騰してきたところでルーパーさん、火を弱くしました。

ル）フタしてね、柔らかくなるまで煮るね。時間長くかかるよ～。30分くらい？

お鍋にフタをして30～40分弱火で煮込んでいくそうです。

犬）いつもより長いねえ。

ル）そうねえ。肉やわらかくなるのに時間かかるからねえ。

煮込んでいる間にココナッツミルクを準備します。小さいボウルにココナッツミルクパウダーを大さじで山盛り4杯。（写真4）そこにやかんで沸かした熱湯100ccを注ぎ、泡立て器で玉にならないようにかきまぜ溶かしていくルーパーさん。あとは肉がやわらかく煮えるのを待つばかりです。時々鍋のフタを取っては中の様子を確認しつつ待つこと数十分。

ル）ココナッツミルク入れるよ。

ルーパーさんがそう言った鍋の中は、最初に入れた水分がすっかり煮詰まって、スパイスと出汁が濃くなりとろみのついた状態になっていました。

ル）入れるねーー。

そこにさっき作ったココナッツミルクを一気に投入！（写真11）

火は弱火のままです。

ル）ココナッツ入れたらもうぶくぶくさせないね。

犬）沸騰させないってことね。

お鍋の様子を見ながらレモン果実を6分の1ほど用意してきたルーパーさん。沸騰寸前で火を止めて、レモンをギュッとひと絞りして……。

ル）はい！できたね！

以上、完成です！

いつものごとく事務所に持って帰って試食。私はほかに仕事が立て込んでまして、オーナーとK村さんが食べた後で遅れて試食したんですが、K村さんが「ものッすごく辛かったよ!! あのオーナーが〈これは辛いね～〉って言ってた！」と熱く語ったので、どれほどのものかと思っていたのですがいや、私は大丈夫！おいしく食べられました。ツナパハでリアルレッド召しあがれる方は平気だと思います!! 豪勢なお肉のカリー、みなさんもぜひご自宅で作ってみてください。

ビーフカリーのおさらい

牛肉(カレー用)…… 1パック
カリークリーム …… 小さじ1/2
塩・コショウ …… 適量

トマト …… 中くらいを1/2個
タマネギ …… 1/4個
ニンニク …… みじん切りを大さじ1
ショウガ …… みじん切りを大さじ1
青唐辛子 …… 1本
カリーリーブス …… 15枚
レモングラス …… 10cmを1本
フェヌグリーク …… 小さじ1/4
シナモン …… 3cmを1本
カルダモン …… 6粒
クローブ …… 10本

オリーブオイル …… 大さじ2
水 …… 適量

〈スパイス〉
ターメリック …… 小さじ1/2
チリパウダー …… 小さじ1
カリーパウダー …… 小さじ1と1/2

〈ココナッツミルク〉
ココナッツミルクパウダー …… 大さじ山盛り4
お湯 …… 100cc

レモン …… 1/6個

ココナッツミルクを省くと本格的な激辛カリーになりますよ!

スリランカ小紀行

スリランカで郊外を車で走ってると荷車にいっぱいの果物類を積んで売ってる人たちをよく見かける。喉が渇いたらキングココナッツジュース。これがまさにポカリスエット、生ぬるいのが今一つなのだが……!

「モツカリー」

モツ鍋に入れる牛モツでカリーを作ってみることにしました。

福岡では白い腸部分だけじゃなくてハツやセンマイも入ってて余分な脂身はあらかじめ掃除してあるものがスーパーで入手できるのでそれを使いました♪

ルーパーさんにあらかじめ好きな物買って来ていいよと許可をもらっていたのでスーパーに行ってみたらモツ鍋用のモツが売ってました！もうそんな季節なんですねえ……。

あと茹でた牛スジとでかいカワハギ2匹が安かったので購入。

さて、ルーパーさんはどれを選ぶかなーーーと思ってヌワラエリヤに持ち込みました。


犬）ルーパーさーーん！コレ買ってきたよ。
ル）なになに？
犬）モツとスジとカワハギ。これ（モツとスジ）ビーフね。
ル）何ができるかねえ……。
犬）これ（モツ）でさ、ココナッツ入れないカレーできない？
ル）できるよ。スリランカにもあるね。
犬）ホント？


今回のメニューはモツカリーに決定。

犬）コレ（カワハギ）はルーパーさんにあげるよ！
ル）ありがと（にっこり）。
さて、まずは材料を揃えます。
ル）タマネギからね。
でかいタマネギを出してきて刻み始めるルーパーさん。

犬）タマネギ多い？どれくらい使うの？

ル）んーー、4分の1くらいね。
大きめのタマネギを4分の1個、みじん切りにしてください。
ル）唐辛子！1本ね。
フレッシュな青唐辛子を1本、細かい輪切りに刻んでください。
ル）はっぱ入れるねー、コレくらい！
もさっとカリーリーブスをつまみ出してくるルーパーさん。

犬）10枚くらいかな？

ル）そうね。10枚。
カリーリーブスをだいたい10枚くらい。
ル）フェヌグリーク、コレくらい！
犬）？小さじ4分の1くらい？
ル）んーー、小さじに半分！
フェヌグリークを小さじに2分の1。
ル）クミンパウダー、ひとつまみくらい。
犬）お、今日はクミン使うのね。
ル）そうね。
クミンを炒った後ミルで引いて粉末状にしたものをひとつまみ！香りがとってもいいのですよ♪
ル）シナモン、これくらいねー。
適量にへし折ったシナモンを見せるルーパーさん。
犬）ん？だいたい5㎝くらいね？
ル）そうね。それくらい。
シナモン、スティック状を5㎝です
ル）カルダモン5粒ね。つぶしたら香りがよく立つから。
5粒出したカルダモンの緑色の鞘を寝かせた包丁の上からぐっと押して割ってくださいプチッと音がするのでわかると思います。
ル）クローブも5つね。
犬）5本？それでいいの？
ル）うん。
クローブいつもよりちょっと少なめみたいです。
ル）次、トマトねー。半分！
小ぶりのトマトを2分の1、細かくダイス状に刻んでください。
犬）ニンニクとショウガは？
ル）入れる入れる。
ニンニクのみじん切りとショウガのみじん切りを出して来たルーパーさん、お皿にさじですくった分量をのせていきます。

犬）大さじ？
ル）そうね。大さじ半分！
ニンニクもショウガも大さじ2分の1ずつです。（写真1）
ル）あと塩・コショウとカリークリーム。カリークリームは……小さじ半分くらい。（写真2）
と言いながら黒い塊を出してきました。カリークリームのペーストを小さじ2分の1。コレで材料が揃いました♪
ル）じゃあ作ろうかー。
調理開始です！
ル）まず肉にカリークリーム混ぜるね。

4

5

6

あ、肉何gあった?・(写真3)

犬)え、ちょっと待って。

パッケージの表示は350g。モツは350gです。ボウルにモツを出します(すでにカット、脂身取りなどの下処理済み)。……センマイをまじまじと見るルーパーさん。

ル)これなに?

犬)それも肉だよ。黒いけど肉。

初めて見たんでしょうか……「日本人なんでも喰うな」と思われてる気がする……。

さて、モツのボウルにさっきのカリークリームをぽいっと投げ込んでこねこね混ぜ混ぜします。(写真4)

ル)塩・コショウもちょっと入れるね。

カリークリームが溶けてモツに絡んでモツが薄ら茶色に染まったらとりあえずそれは放置。片手鍋をコンロにのせて火にかけます。

ル)油大さじ2ね。

オリーブオイルを大さじ2ほど鍋に入れて鍋をアツアツに熱します鍋から煙が出るくらいアツアツになったら……。

ル)トマト以外を炒めるね!

火を中火に落としてトマトとモツ以外の材料、タマネギ、ニンニク、ショウガ、青唐辛子、フェヌグリーク、シナモン、カルダモン、クローブ、クミン、カリーリーブスを鍋に投入!

ジュワーーー!っと音が出て香りが立ち上ってきます。

ル)炒めていくねー。

木べラで丁寧に混ぜながら全体に火を通していきます数分炒めたらニンニクやタマネギが色づいてきますのでそこまで丁寧に頑張りましょう。

ル)茶色くなってきたらチリパウダー入れるね。

さっき粉末スパイスは準備はしてませんでしたがここでチリパウダーを鍋に投入します。(写真5)

ル)チリパウダー小さじ2分の1ね。

今回辛くするから焦げやすいから急ぐね。

ココナッツを入れないお肉のカリーは辛めに作るのがセオリーなのですよ。チリパウダーを鍋に振り入れたら手早く混ぜて(鍋の中が真っ赤になって刺激臭が!)、間髪入れずに

ル)肉とトマト入れるねー。(写真6)

ここでモツとトマトを一緒に鍋の中にIN!手早く混ぜて全体をなじませたところですぐに、

ル)カリーパウダーとターメリック入れるよー。

またまたさっき準備したりしませんでしたがカリーパウダーとターメリックをここで投入します。

犬)量はどのくらい?

ル)カリーパウダーが大さじ1、ターメリックが小さじ半分。

茶色い粉末と黄色い粉末を鍋の中へこれも手早く混ぜます。(写真7)

ル)フタして少し煮るね。

犬)水は?入れないの?

ル)フタしてちょっと煮たら水が出てくる。

犬)ふーん……。(写真8)

お鍋にフタして中火のまま2~3分煮ます。で、フタを取ってみると……さっきより水気が増えている!肉とタマネギ、トマトの水分ですね!

7

8

9

ル〉ちょっと水足すね。

犬〉どのくらい入れるの？

ル〉えーと、200ccくらい。

水を200cc計ってお鍋の中に入れます。（写真9）

ル〉フタして煮るねー。

もう一度フタをして中火と弱火の間くらいの火加減で煮込みます。煮込むと言っても10〜15分ほどでしょうか時々フタを取って木ベラでつついて鍋の中の様子を見ながら水分が減ってスープに若干とろみがついてきたところで、
ル〉ちょっと塩足すねーー。

軽く味見をして塩を足したりして味を調えてください。

ル〉できたよーーー。（写真10）

スパイスの香りが強くて汁気も少ない、モツ煮込みスパイス風味、といった風情の料理が完成しました！事務所に持って帰ってK村さんと試食。

犬〉モツカリー作りました！

K村さん〉へえ〜。


で、食べ始めると……。

K〉辛いよーーーーーーーー!!!!!!

いや、辛めに作ったんで……。ヌワラエリヤの家庭料理の会でも時々お出しする、辛めに作るのがセオリーのお肉を使ったカリーの調理法で作ったので、辛さもスパイスの風味もとびきりですが、これは辛い料理に目がない方にはたまらない一皿です！ご飯と一緒にフーフー言いながら食べるもよし、冷えたビール片手につまむもよし辛さやスパイスの香りに強い皆様、ゼヒご自宅でもお試しください♪お弁当箱に入れてもらいました！

モツカリーのおさらい

牛モツ …… 350g
カリークリーム …… 小さじ1/2
塩・コショウ …… 適量

トマト …… 小ぶりを1/2個
タマネギ …… 大きめを1/4個
ニンニク …… みじん切りを大さじ1/2
ショウガ …… みじん切りを大さじ1/2
青唐辛子 …… 1本
カリーリーブス …… 10枚
フェヌグリーク …… 小さじ1/2
クミン …… ひとつまみ
シナモン …… 5cmを1本
カルダモン …… 5粒
クローブ …… 5本
オリーブオイル …… 大さじ2
水 …… 200cc

〈スパイス〉
チリパウダー …… 小さじ1/2
カリーパウダー …… 大さじ1
ターメリック …… 小さじ1/2

いろんな部位の入ったモツを使うのがオススメです

「フィッシュヘッドカリー」

今月はちょっと豪華にフィッシュヘッドカリー。鯛の頭でカリーを作ります。
お正月の鉢盛りのお魚の頭を使って美味しいスープがいっぱいのカリーはいかがでしょう?

犬)フィッシュヘッドかバナナのカリー。どっちがいいかな。

ル)どっちでもいいけど……。

犬)豪華に見えるし、頭どう?頭。青いバナナって手に入れにくそうだし。

ル)いいよ〜。じゃあ鯛の頭ね。買ってくる?

犬)私が?いいけど……鯛じゃないとダメなん?

ル)いつも鯛だから。

犬)わかったよ……。

料理教室前日、鯛の頭を求めてスーパーをうろうろする私。ブリやハマチ、シマアジやヒラメはあるのになぜか鯛だけ売り切れまくって……ない……。ようやく4軒目のスーパーで発見。GETしました!!

そして当日、約束の午後3時にヌワラエリヤに行くと……。お客さんいっぱい!! 厨房大騒ぎ!! 洗い場に皿山積み!! とても料理教室どころの騒ぎではなくなっていましたよ……。

とりあえず皿洗いの手伝いを始める私。その間ルーパーさんはレンジ回りの掃除を始めました。そして1時間半後、お客さんの方が少し落ち着いたところで……。

ル)そろそろ作ろうか!!

犬)そうね。もう……きりがない……。

私がカメラを用意している間にルーパーさんがすでに何か用意している!

犬)ハイおまたせ!!

すでにお皿の上に刻んだタマネギとニンニク、ショウガのみじん切りが並んでいます。

犬)タマネギ、コレ半分?

ル)4分の1ね。

犬)タマネギ4分の1個。みじん切りとくし切りの中間……みたいな粗さで刻んでください。ニンニクとショウガは?大さじ1ずつ?

ル)そうね!! それからカルダモン。4個。

と言いながらまな板の上で寝せた包丁の下に敷いてカルダモンをグ

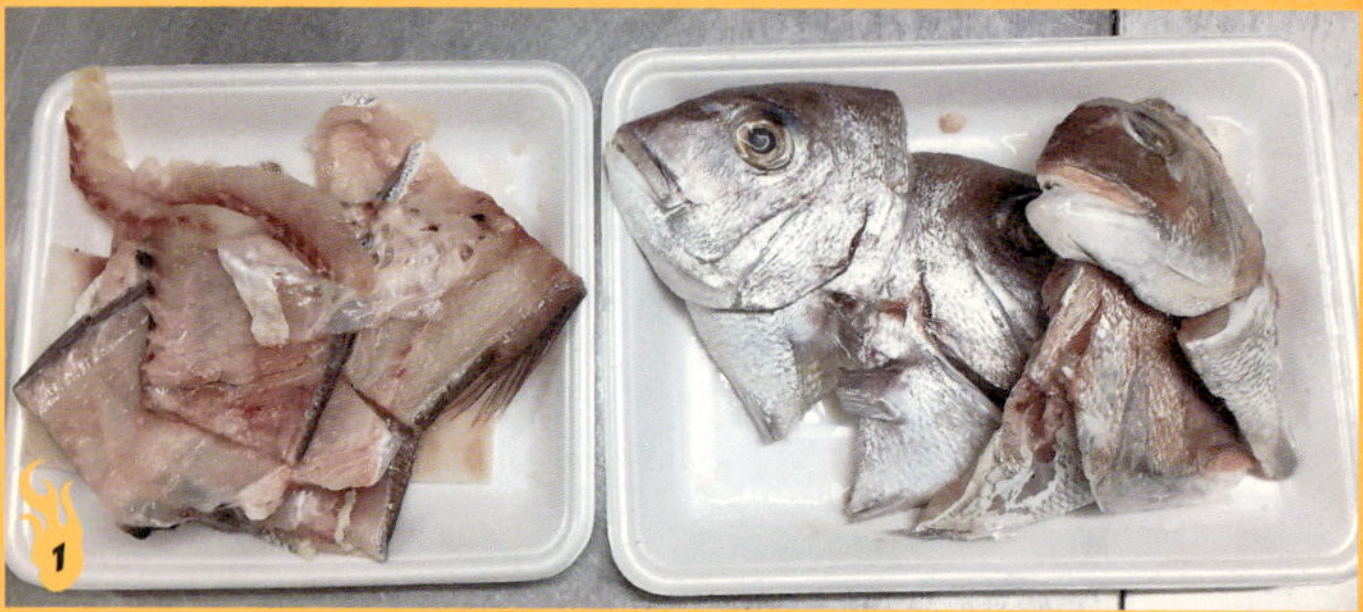

シャっとつぶすルーパーさん。

犬）今なんかつぶした？

ル）うん、皮をとりあえず破っとくね。カルダモン、原形はとどめてますが外側の緑色の皮がはじけて中の黒い種（?・）が露出した状態になってます。

ル）クローブ。えーっと……10本くらい？

犬）10本ね。

ル）はっぱ！

カリーリーブスのことですヨ……。

犬）えーと、20枚くらいですかね。

ル）後、トマト、4分の1個。

犬）ダイス状に粗く刻んでください。

ふと、材料ののったお皿を見るといつの間にかシナモンが1本のっかってます。（写真2）

犬）いつの間に!! シナモンが!! 5㎝くらいのスティック状のものを1本です。

ル）次、スパイスね。

犬）はいはい。

お皿にスパイスをのせていくルーパーさん。

ル）ターメリックが小さじ4分の1ね。

犬）ふんふん。

ル）カリーパウダーが小さじ1と2分の1杯。

犬）山盛りですね？

ル）そうそう。チリパウダーが小さじ1。後、塩・コショウね。

犬）次、鯛の頭、コレ何g？

ル）500gくらいあればいいよ。（写真1）

犬）ちょっと多いけどまあいいか。

ル）コレを洗うね。

ボウルに鯛を入れて水で軽く洗います。血とかを流すカンジで。

ル）じゃあ鍋を用意して……。

犬）でけえ！いつもの片手鍋より遥かにでかい!! フツーのカレー鍋くらいの大きさのものを用意してください。

ル）コレの中に……オリーブオイル大さじ2くらい入れて……。

犬）2より多いですよ。3くらい。

レンジの火は強火。ガンガンに焼けてます。

ル）この中にトマトと魚以外を入れるね。まずスパイス以外から。（写真3）

……わかりにくくてすみません。タマネギ、ニンニク、ショウガ、カルダ

モン、クローブ、シナモン、カリーリーブスを鍋に入れて炒めてください。

木ベラで軽く混ぜるルーパーさん。強火なので10秒かそこらでタマネギとニンニクが茶色く色づいてきます。

ル）ここにスパイス全部ね。（写真4）

ターメリック、カリーパウダー、チリパウダー、塩・コショウが投入!! また軽くかき混ぜた後で、

ル）トマトと頭入れるね～。（写真5）

犬）主役登場ですね!!

スパイスやニンニクの焼けるいいにおいが立ち込める中、はじめに揃えた全ての材料が全部なべの中に入りました。

ル）あ、カリークリーム！

犬）カリークリーム!? いきなり!?

スリランカでは割とポピュラーらしいのですが、数種類のスパイスと塩、酢などをブレンドしたペースト状のスパイスです。ウチのオリジナルアイテム♪

ル）カリークリーム大さじ1ね。

水100ccに溶いて……。あっという間に茶色くて強烈なスパイスの香りのする水……ができました。

ル）コレを鍋に入れるね。

鍋にIN!!（写真6）

ル）10分くらい煮る。

犬）フタは？するの？

ル）ああ、フタするね。で、10分。

犬）火は中くらいです。

ル）で、ココナッツミルクとお湯。

例によっていつもどおり〈今のうち〉ってやつです。

ル）お湯100ccに……。

とボウルに入れて持ってきたお湯はどう見ても100cc以上。

犬）それ100じゃない。150くらいですよ。

ル）そう？じゃあ150ccで。で、ココナッツミルクパウダーが大さじ4杯。

犬）山盛りですね。

ル）そうね。

と言いながら泡立て器で混ぜてキレイに溶かす。さて……そうこうしているうちに10分経ちましたよ。

ル）ここにココナッツミルクを入れるよ～。（写真7）

フタとった鍋の中にココナッツミルクを溶いたお湯をゆっくり丁寧に回しかけていきます。

火加減はそのまま。沸騰させないように注意しながら軽く木ベラでかき混ぜつつルーパーさんちょっと味見。

ル）塩足すよ。

犬）ここで味の調整ですね。

ル）そうそう。で、最後にレモンを……。あれ？

レモンを探している様子だが手近なところにない……さっきまでたくさんのお客さんでわたわたしてましたからね……。黙ってみていたらルーパーさんそのままホールの方へ。そして帰ってこない……。

犬）ルーパーさんは……？

スタッフ）何か……なじみのお客さんのところにいましたけど……。

表の冷蔵庫にレモンを探しにいってお客さんに捕まったようです。程なくして戻ってきたルーパーさん。レモンは？

ル）なかった……あ！これくらいで

いいや。

作業台の上の野菜が色々のったバットのパプリカの影にちっちゃいけどレモン発見!! 6分の1くらいです。

お鍋の火を止めてから……。

ル)コレを最後に絞って、できあがり!!

以上、完成です〜。

お魚の出汁がよ〜く出てるスープが美味しいのです!! コレを食べにヌワラエリヤに通ってくださっていた年配の男性のお客様がいらっしゃいましたから、スパイスの香りが苦手でなければお年を召した方にもおおむね好評の一皿。鯛の潮汁もいいですけどたまにはこんな料理もいかがでしょう?

フィッシュヘッドカリーのおさらい

鯛の頭 with あら …… 500g
トマト …… 1/4個
タマネギ …… 1/4個
ニンニク …… みじん切り大さじ1
ショウガ …… みじん切り大さじ1
カルダモン …… 4粒
クローブ …… 10本
カリーリーブス …… 20枚
シナモン …… 5cmを1本
塩・コショウ …… 適量
オリーブオイル …… 大さじ3

〈スパイス〉
ターメリック …… 小さじ1/4
カリーパウダー …… 小さじに山盛り1杯1/2
チリパウダー …… 小さじ1
カリークリーム …… 大さじ1(水100ccで溶く)

〈ココナッツミルク〉
ココナッツミルクパウダー …… 大さじ山盛り4
お湯 …… 150cc

レモン果汁 …… 果実1/6を絞り入れる

炒める時は強火で手早く、煮る時はグラグラ煮立てないように!!

スリランカ小紀行

スリランカではこのところ車の数が相当増えてきて渋滞が起きている。その中で小型三輪車は愛嬌もあり小回りがきいて相当に活躍している。以前コロンボ市内でスコールに遭遇しタクシーに乗りホテルまで帰った。

「サンマカリー」

今年はサンマが豊漁だとか。今年はカリーを作ってみました。

犬）今度は何作ろうか？安いし今美味しいからまたサンマ……？ルーパーさん、サンマ買ってきたら何か作ってくれる？
ル）いいよー。どうする？何作ろうか。
犬）前デビルサンマ作ったからデビルじゃないやつ。揚げてチリサンマ（常連様にはおなじみのメニュー「チリチキン」のサンマ版を思い浮かべてください）とか作ったらどうかねえ……。
ル）揚げる……？
何か微妙な顔。ピンとこなかったらしい。

犬）まあとにかくサンマね。買ってくるよ。
ル）ウンわかった。
スーパーで「お刺身用」と書いてあるサンマ２匹をＧＥＴ。当日の朝ルーパーさんに渡しました。
ル）どうする？何にする？
犬）デビル以外。カリーにしてもいいかもよ？鯖とかと同じ青魚やし。
ル）カリーいいね!! カリーにしよう!!
というわけで今月はサンマカリーに決定！

カメラの電池を入れ替えて午後、ランチのお客さんが引けたころにヌワラにＧＯ!! 余談ですがカメラの調子が悪く、電池やＳＭカードを新しいのに替えてもエラーが出るため修理に持っていってカウンターの女性店員さんに動作確認してもらったら直った!! まさに神の手!! お嬢さんありがとう！

犬）あっ!! すでに何やら用意されている!!

材料がすでに切られて並べられています!! 早いよルーパーさん！それを見ながら量を確認。

犬）えーと、タマネギ？どれくらい？４分の１？
ル）そんなにないね。８分の１。みじん切りね。
犬）タマネギ８分の１をみじん切り。つってもコレけっこう元は大きいタマネギだったやろ……。

ソフトボールより小さいタマネギなら6分の1でもいいと思います。つーかコレ、みじん切りじゃない。みじん切りの一段階手前です。

1

2

ル）ニンニク、ショウガ。みじん切りで小さじ1ずつね。
犬）サンマは……ウロコと頭とおなかとって4等分にぶつ切りですね。（写真1）カリーリーブスは？1……2……3……。だいたい10枚くらいだね。
ル）そうね。
犬）トマトは？4分の1？
ル）いや、6分の1。
トマトを6分の1、いつものごとくダイス状に細かくカット。
犬）シナモンは？コレ何センチだろ……コレくらい？
小指の第2間接辺りまでをルーパーさんに見せる。
ル）そうね。
犬）じゃあだいたい3～4㎝だね。スティック状のものを3～4㎝。軽く砕いてください。
ル）カルダモンは5粒ね。
犬）カルダモン5。フェヌグリークは？
ル）小さじに半分くらい。
犬）フェヌグリーク小さじ2分の1。クローブは……1……2…10本くらいやね。
ル）グリーンチリは1本。（写真2）
と言いながら3㎜間隔の細かい輪切りに。次はスパイス!! まずカリークリーム小さじ2分の1。

犬）カリーパウダーは？コレ大さじ？
ル）いや、小さじ1くらい。
犬）小さじ山盛り1やね……。（写真3）
ル）ターメリックは小さじ4分の1。チリパウダー小さじ2分の1ね。後はココナッツミルクパウダー。
と言いながらちょっと大きめの片手鍋に炒め用の油を入れ強火にかけました。
犬）オリーブオイル？
ル）そうそう。大さじ1くらい。
犬）今回は1ね。
ル）全部炒めるよーー。
犬）え？トマト以外？
ル）そうそう!! トマト以外!!
鍋にタマネギ、ニンニク、ショウガ、カリーリーブス、シナモン、カルダモン、クローブ、フェヌグリーク、グリーンチリを投入。火を中火にして軽く炒めます。（写真4）ほんの1分ほど炒めたところで、
ル）サンマ入れるね!!
残りのスパイスとトマト、サンマを一気にお鍋へーIN!! スパイスが全体に絡まるよう混ぜながら……。（写真5）
ル）水気が足りないね。ちょっと水入れるよ。
トマトの水気だけではちょっと水分が足りなかった模様。お玉にお水を入れてきたルーパーさん。
ル）これでだいたい70㏄くらい。
犬）70㏄ね。
お鍋に水を投入しました。（写真6）
ル）フタするよ!!
犬）火は弱火ね。
ル）そうそう。
火は弱火にして、しばらく煮込みます。（写真7）そして今のうちに!!
ル）ココナッツミルクね。
小さなボウルを用意。
ル）大さじ3くらい。
ココナッツミルクパウダーを山盛り

3杯。そこにお湯を……。

ル）だいたい100ccくらいね

犬）お湯100ccを入れてかき混ぜて溶かしてください!!

白い液体ができました。

ル）ハイ、コレをお鍋に入れるよ!!

フタをしてからここまでだいたい5、6分くらい……だいたいサンマにも火が通ったころです。お鍋の中にココナッツミルクをIN!! ぐらぐら煮ないように火は弱めのままで。(写真8)

ル）あ、サンマはね、骨そのまんまにしてあるよ。その方がコクが出て美味しいから。出汁がいいのが出るよ。

コクとかどこで覚えた日本語だろう……。たぶん教えたのはオーナーなんですが……でも確かにその通り。

犬）ああ、そうですね。骨はわざととらずに入れると。……あれ、塩・コショウは?

ル）ああ!

犬）忘れんどってー!(博多弁／忘れないでよー!! の意)

ルーパーさん言われて味付け足してます。コショウを軽く振った後、塩を2つまみほど。はじめに入れたカリークリームに濃い塩味がついてますのでココでそんなにいっぱい入れなくても大丈夫。

ル）最後にレモンね。これくらい。

果実を絞ってお玉にとって見せてくれてます。

犬）ティースプーンに1杯くらいですね。

ル）そうね。

それをお鍋にIN!! 軽く混ぜてからルーパーさん味見。

ル）おいしい!! ……ん?

こっちを見ながらお玉を傾ける。味見させるからちょっと手ぇ出せということらしい。恐る恐る手を出す私。

犬）だって熱そうじゃん!

……スープ部分をちょびっとだったのでそれほどでもなかった……。

犬）美味しいよ!!

ル）そうね!!

犬）完成?

ル）うん。持って帰る?

犬）持って帰るーー♪

以上、完成です～。

こぼれないよう四苦八苦しながら事務所に持って帰ってK村女史と分けて食べました。

サンマはお箸で身をはがしながら食べるといいかも。味は本当に最高です!! 美ー味ーいーよー!! K村女史は「辛いねえ!! 美味しいけど!!」辛くないですよ!! コレくらいフツウですよ!!(ウチの基準では)

6

7

8

サンマカリーのおさらい

サンマ …… 2匹
トマト …… 1/6個
タマネギ …… 1/8
ニンニク …… みじん切りを小さじ1
ショウガ …… みじん切りを小さじ1
カリーリーブス …… 10枚
シナモン …… 3〜4cmを1本
カルダモン …… 5粒
フェヌグリーク …… 小さじ1/2
クローブ …… 10本
青唐辛子 …… 1本
オリーブオイル …… 大さじ1
水 …… 70cc

〈スパイス〉
カリークリーム …… 小さじ1/2
カリーパウダー …… 小さじ山盛り1
ターメリック …… 小さじ1/4
チリパウダー …… 小さじ1/2

〈ココナッツミルク〉
ココナッツミルクパウダー …… 大さじ山盛り3
お湯 …… 100cc

塩・コショウ …… 少々
レモン果汁 …… ティースプーンに1杯

いつものことですがグラグラ沸騰させないように火加減に注意です!!

スリランカ小紀行

日曜日に各地域で開かれる市場での出来事。野菜にスパイス、魚類、珍しい香草らに目を奪われ歩いていると朽ちかけた小さな樽が目につく。値段を交渉するととんでもない値段を言う。足元をみられたかなぁ〜。

「イワシカリー」

青魚でカリーシリーズ(シリーズ!?)第3弾。今回はイワシでございます。少し前、「サンマが不漁なので代わりにイワシを食べましょう!安くて美味しい!」とニュースでやってましたが、まだサンマ不漁なのかしら……。サバやサンマで美味しいカリーができるのならイワシでできないはずがないのです。取材の3日前。ヌワラエリヤの厨房に入っていっていつものようにルーパーさんにお願い。

犬)ルーパーさん、明後日ね、また何か教えて?

ル)いいよ。

犬)何がいい?また何か買ってきていい?

ル)いいよー。今何があるかな?今、秋よね?

犬)うん。たぶんそう。ほんの数日前まで猛烈に暑かったからなあ……。自信がありません!

犬)秋っぽい材料がいいのね?

ル)そうね。安いのがいいね。

いまさらですが、家庭で気軽に作れるスリランカ料理がこのレシピのコンセプトですから!

取材前日にスーパーに行ってみました。鮮魚コーナーへ行くとイワシが安い。そして横に調理済み(当たり前)のカナトフグが100円引き!今回はコレを買うことに決定。翌日ヌワラエリヤにイワシとカナトフグを持ち込みました。

犬)ルーパーさん!コレ買ってきた!イワシとフグ!

ル)フグ?

犬)うん。毒とってある奴だよ。

ル)イワシいいね。カリーにする?作ったことないよね?

犬)うん。サバとサンマはあるけどイワシはなかった。

今回はイワシカリーです。それぞれの仕事を済ませて再度ヌワラエリヤの調理場に集合。早速調理を開始します。

ル)まずイワシね。

買って来たイワシ4匹をさばき……と思ったら。ルーパーさん、一匹掴んでえらのところから指をグリッとつっこんでそのまま胸の辺りを破り内

1

2

3

臓をほじくりだした！

ル）包丁使わないね。

犬）あ、イワシってやっぱりそうするんだ。

私の母もそう教えてくれました。イワシは手で開くもの。

ル）写真撮る？

犬）え、うん、そうね……。でもとんでもないグロ写真になるよね……。

ル）あっはっは♪そうね！

朗らかに笑いつつイワシを解体。とりあえず全部内臓を出しました。

ル）頭ね、そのまんま使うね。

犬）おお、頭も一緒にカリーにするのね。

ル）とってもいいけどね。頭入れたら美味しいね。コクが出る！

犬）前から思ってたけどさ！その日本語誰から習ったの！

ル）社長。いっつも言うね。

オーナー……。そうねたしかにね。

さて、イワシですが今度は尻尾を切り落として胴体の真ん中から真っ二つにします。イワシは8切れになりました。（写真1）

犬）おお、尻尾はとるのね。

ル）そうね。

次にタマネギを取り出したルーパーさん。みじん切りにしはじめました。

犬）タマネギはどれくらい？

ル）んーー、4分の1ね。

ルーパーさんがタマネギ切ってる間に材料をのせるお皿を取ってきます。

犬）ハイ。お皿。

お皿に切ったタマネギをのせて、次にニンニク（のみじん切り）とショウガ（のみじん切り）を出します。

犬）コレはどれくらい？大さじ？

ル）小さじ！小さじ1ずつね。

次は青唐辛子。

ル）グリーンチリ1本ね。

細かい輪切りにしてしまいます。

ル）カリーリーブス。10枚くらい。

ルーパーさんがカリーリーブスをつまみ出したらちょっと少ない……。

犬）コレ10枚には足りないよ！

ル）ホントね。もうちょっと……。これで10枚くらい。

正確には10枚になりました。

ル）次シナモンね。

3cmのスティック状のものを1本です。

ル）フェヌグリークも入れるね。

犬）どのくらい？

ル）小さじに半分。

お、いつもより多めだ。

ル）クローブ、10本くらい。

黒い釘状のクローブを10本ほど。

ル）カルダモン6粒くらいね。

出してきたカルダモンに包丁を寝せて上から押さえて鞘を軽くつぶします。香りが出やすいようにね！

4

5

6

ル）あとトマトね。
犬）これはどれくらい？
ル）大きいのを半分ね。（写真2）
大きめのトマトなら2分の1。小ぶりのものなら1個でいいみたいです。ダイス状に小さく刻んでください。
ル）次、スパイスねー。（写真3）
またお皿をとってくる私。
犬）カリークリーム使うんだよね？
動物性たんぱく質でカリーを作る時には使います！
ル）使う使う。小さじで1と半分くらいね
いつもよりちょっと多め。
ル）カリーパウダーは小さじ1ね。
犬）いつもよりちょっと少ないね。
ル）そうね。チリパウダーは小さじ半分。ターメリックも小さじ半分ね。
犬）待って早い早い！ターメリックとチリパウダー小さじ2分の1ずつね。
ル）うんそう。後は塩・コショウね。
調理に取り掛かるために鍋を出しながらルーパーさんが語りだします。
ル）スリランカでもね、よくイワシでカリー作るよ。
犬）あ、この間ね、TVで見たよ！棒に上ってイワシ釣ってそれでカリー作ってた！
ル）うん、そうね棒に上って釣るね。
犬）ココナッツミルクは生の実から作ってた。
ル）うんそう。作るよ〜。スリランカではね、ココナッツミルク入れないで辛ーーいカリーにしたりする。
犬）今日もココナッツミルク入れない？
ル）いや、今日は入れる。
犬）うん……。K村さんが食べられなくなるもんね……。
ル）そうね……（いい笑顔で！）。
では調理開始！大きめの片手鍋を出してきたルーパーさん。その中に炒め用のオリーブオイルを入れて火にかけます。火は強火で！
ル）まず全部炒めるよーー！いつもとちょっと違う。
犬）炒めるの？
ル）トマト以外ね。
正確にはトマトとイワシとスパイス以外の材料を鍋に投入します。タマネギ、ニンニク、ショウガ、青唐辛子、カリーリーブス、シナモン、フェヌグリーク、クローブ、カルダモンですね。

ジュワーー！っと音が上がりますのでそれを手早くかき混ぜてタマネギが色づき始めたら……（写真4）
ル）スパイス入れるね。
火を弱火にして、カリークリーム以外のスパイスを鍋の中に投入。またもや手早く混ぜます。（写真5）
ル）カリークリームは水で溶かすよー
カリークリームを少ーーしの水で溶いてそれを急いで鍋の中に。粉末スパイスは焦げ付きやすいのでここの流れは手早く！（写真6）
ル）水もうちょっと入れるね。50ccくらい。
犬）ふーん。ここで水足すのね。
ル）うん。少しね。
カリークリームを入れたあと、すぐに水を50ccほど鍋の中に入れます。ちょっと鍋の中の温度が下がっておとなしくなりました。

ル）塩・コショウするね。

ここで味付け！さらに……。

ル）ブクブクなったらイワシ入れるね！

犬）ブクブク……。

沸騰したら、ということのようです。水の量は少ないのですぐ沸騰します。そしたらそこに

ル）イワシとトマト入れるね。（写真7）

犬）ここで入れるのね。

最後の材料、イワシとトマトを鍋にIN。

ル）煮るね！（写真8）

犬）今のうちにココナッツミルク？

ル）そうね！

鍋はとりあえず煮るに任せてココナッツミルクを用意しに走るルーパーさん。小さいボウルを出してきて

ル）ココナッツミルク今日はあんまりいっぱい入れないよ。

犬）なして？

ル）量が少ないから。

いつもよりカリーのできる量が少ないから、だそうです。

ル）ココナッツミルク大さじ1と半分ね。

ボウルにココナッツミルクパウダーを山盛り1とその半分。

ル）お湯もちょっとね。

80ccくらいでしょうか。ボウルに注いで軽くかき混ぜてココナッツミルクのできあがり。

ル）ココナッツミルク入れるね。

いつもと違って割りとすぐにココナッツミルクを鍋に投入しちゃいます。

ル）弱火で煮るね。（写真9）

犬）どのくらい？

ル）15分くらいかなーーあんまり煮ると魚が崩れるから。

弱火でくつくつと煮込んでいきます。時々木ベラで軽く混ぜたりして様子を見ながら15分ほど。イワシにしっかり火が通ったところで……。

ル）味見するね。

ちょっと味見してから塩を足して味を調えます。

ル）最後にレモンね。

果実4分の1ほどを鍋に直接ぎゅっと絞りいれて……。

ル）はい！できたよ！

イワシの頭つきカリーの完成です。いつものごとくお弁当箱に入れてもらいます。

ル）頭も入れて大丈夫？

犬）平気だよ！日本人頭も食べるから！

事務所に持って帰っていつものごとく3人で試食。イワシの味わいがしっかりしていて、お魚の良い出汁も出ていてサイコーです!! ルーパーさんにコクがあるとか言う日本語を教えた張本人も「旨いねこりゃ」ともぐもぐ。秋のお魚でこんなカリーはいかがでしょう？

イワシカリーのおさらい

イワシ …… 4匹
トマト …… 大きめを1/2個
タマネギ …… 4分の1個
ニンニク …… みじん切り小さじ1
ショウガ …… みじん切り小さじ1
青唐辛子 …… 1本
カリーリーブス …… 10枚
シナモン ……3cmを1本
フェヌグリーク …… 小さじ1/2
クローブ …… 10本
カルダモン …… 6粒
オリーブオイル …… 大さじ2
水 …… 50cc

〈スパイス〉
カリークリーム …… 小さじ1と1/2
カリーパウダー …… 小さじ1
チリパウダー …… 小さじ1/2
ターメリック …… 小さじ1/2

〈ココナッツミルク〉
ココナッツミルクパウダー
…… 大さじ山盛り1と1/2
お湯 …… 80cc

塩・コショウ …… 適量
レモン …… 1/4個

頭や骨も入れたほうが美味しいですよ！

「タラカリー」

今回はちょっと胃にも優しい、辛さ控えめのカリーを作ってみました。食材のタラもこれからお鍋の季節に向けて手に入りやすくなってくるのではないでしょうか？カリーピクニック（地元でそういうカレーの屋外イベントが開催されてたんです）への参加で取材日がぎりぎりになってしまった9月。今月はルーパーさんに「明後日！お願い！」と無理矢理頼んで教えてもらうことになりました。食材は好きな物を選んできていいとのことでしたので、取材日当日にスーパーに寄ると鮮魚コーナーでタラの切身が特売！白身のお魚とココナッツミルクの相性って良さそうですよね？タラの切身を購入することに迷わず決定！ヌワラエリヤの厨房に持ち込みました。

犬）ルーパーさーん！買ってきたよー！お願いしまーーす。

ル）今日は何買ってきた？

犬）あのねえ……タラ！

ル）タラ？

犬）コレ。

ル）魚ね。

白身の切身を見て考えるルーパーさん。

犬）日本ではお鍋とかに入れて食べるよ。

ル）鍋？じゃあカリー作りましょうか。

犬）できる？

ル）チリパウダー入れないで辛くないホワイトカリーにしたら美味しいよ。

犬）それはK村さんも食べられるってことね？

ル）そうね！（笑）

というわけで今日はタラで辛さ控えめホワイトカリーを作ります。

ル）まず魚切るね。

タラの切身、3切れでだいたい90gほどの量ですがこれを一口……よりちょっと大きいくらいに切ります。

（写真1）

ル）他の材料も切るねーー。

1

2

3

まずはタマネギから。

ル）タマネギ6分の1くらいね。

犬）少ないね。

ル）魚あんまりいっぱいないから。

今日はちょっと量控えめみたいです（いつもは4人分くらいできる……）。とにかく、中くらいのサイズのタマネギを6分の1、みじん切りにしてください。

ル）グリーンチリね。

犬）これは1本入れるのね。

ル）チリパウダー入れないからね。

というわけで生の青唐辛子を1本、輪切りにしてください今日のカリーの辛さは青唐辛子のみで作ります。

ル）トマト入れるねー。

犬）どれくらい？

ル）少しねー、これくらい。

中くらいのサイズのトマトを6分の1切り出して細かく刻んでください。

ル）ニンニクとショウガも入れるね。

犬）うん、小さじ？大さじ？

ル）小さじね！小さじ1ずつ。

ニンニクとショウガをみじん切りにしたものをそれぞれ小さじ1ずつ。

ル）次、シナモンね。

いつもはスティック状のを3～5㎝くらいポキッと折って使うんですが今日は量が少なめなので……。

ル）これくらい。

3㎝くらいのスティック状のヤツの外側の皮をぺりぺりっと3枚くらいはがして使います。

犬）今日は皮ちょびっとだけ？

ル）そうね。

シナモンは3㎝の皮3枚。

ル）カルダモンね。3つ。

カルダモンは鞘を3粒。寝かせた包丁の下に敷いてぐっと体重をかけてプチッと鞘をつぶしてください。

ル）クローブ5つね。

黒い木の釘みたいなクローブは5本。

ル）フェヌグリークも入れるね。これくらい……小さじ4分の1？

犬）小さじ4分の1ね。

フェヌグリークを小さじ4分の1。

ル）カリーリーブスはこれくらい入れるね。

なんだかいつもより丁寧に瓶からつまみ出してます。

犬）10枚くらい？

ル）んーーー、7枚！

いつもよりやっぱり少なめ。（写真2）

ル）後は塩・コショウ、ターメリック、カリーパウダーね。

犬）カリークリームは入れない？

ル）入れる入れる。

スパイスを並べていきます。

ル）ターメリックは小さじ4分の1くらいね。カリーパウダーは小さじ1。カリークリームは……これくらい？小さじ4分の1？

カリークリームもいつもよりは少な

めです。（写真3）
ル）塩・コショウは……。
犬）適量ってことね？これで全部？
ル）ココナッツミルクも作るね。
いつもは材料を煮てる時に作るんですが今日は先に作っちゃいますルーパーさんが小さいボウルにココナッツミルクパウダーを入れてます。
ル）ココナッツミルク大さじ2ね。
大さじにモリッと山盛りで2杯です。
ル）お湯は100cc。
何かテキトーにお玉で量って持ってきました。

犬）それ100？もっと少なくない？
ル）ううん、100ccのお玉1杯だからちょうど100。
犬）へーー。

ココナッツミルクのボウルに100ccのお湯を入れて泡立て器で混ぜてよく溶かします。
ル）ココナッツミルクできたね。
これで材料全部揃いました！
ル）じゃあ作ろうか！
犬）お願いしまーーす。

まずは片手鍋をコンロにかけて中火で熱します。
ル）油大さじ2くらいね。
犬）オリーブオイル？
ル）うん、そうね。
油が熱くなって煙が出るくらいになったところで……。
ル）トマト以外入れるよー。
正確にはトマトとタラ以外。タマネギ、ニンニク、ショウガ、グリーンチリ、シナモン、カルダモン、クローブ、フェヌグリーク、カリーリーブスを一気に鍋の中に入れます。
ル）茶色くなるまで炒めるねー。
木ベラで丁寧に混ぜながら炒めていきます。ジュワーーーって音と薬味の焼けるいい匂いが漂ってきます。ニンニクやタマネギがほんのり茶色く色づいてきたら頃合。（写真4）
ル）カリーパウダーとカリークリーム入れるよー。
茶色い粉と茶色いペーストを鍋に投入。軽く混ぜてから間髪いれずに、
ル）魚とトマト入れるね！
スパイスは焦げやすいので間をおかずに魚とトマトを入れて混ぜます。

これも手早く混ぜて……。（写真5）
ル）ちょっと水入れるねー。
魚が3分の1ほど水に浸かるくらいの量の水を鍋に入れます。（写真6）
ル）フタするよー。
火は中火のまま鍋にフタを。魚に火が通るまで数分煮込みます。

犬）どれくらい？
ル）5分くらい？魚すぐ煮えるから。
まずトマト以外を炒めます。トマトと魚IN。鍋の中身が煮えるのを待ってたらルーパーさんが
ル）ターメリック、この中に入れるねー。
残ってたターメリックをボウルのココナッツミルクの中に溶いてしまいます。黄色いココナッツミルクができましたー。（写真7）
犬）えー、こんなん作るの？
ル）今日だけね。
犬）ふーーん。

鍋のフタを取って、鍋の中身が焦げ付いたりしてないかどうか確認しながら5分、タラに火が通ったところで鍋の火を弱めます。
ル）ココナッツ入れるねー。
さっき作った黄色いココナッツミルクを鍋の中に一気に投入します。鍋の中が一気に黄色っぽい白濁のカリースープに！（写真8）
ル）あ、塩・コショウ入れてない。
犬）それ大事！

7

8

ル）カリークリーム入れてるから少しでいいよ。カリークリームには濃い塩分が含まれてますので塩加減には注意！適量の塩・コショウで味付けしてください。

犬）今日のカリーは赤くないね。

ル）チリパウダー入れてないし。ホワイトカリーだからね。最後にレモン果汁を絞りいれます。

ル）これくらいねーー。6分の1個ほどに切ったレモン果実を直接鍋に絞りいれて……。

ル）できたよーー。

犬）わーーい！ありがとうございます！

ちょっとスープを味見したルーパーさん。

ル）うん、おいしいね！食べてみる？

味見してみろということらしい。スープを少しもらってみると……しっかりタラの風味の出汁が出ているのがほんのちょっとでもよくわかります！

ル）辛くないからね！美味しいよ！

犬）そうね。

ル）子供でも食べられるよ。

犬）それはどうかなぁ……（笑）。

ジャパニーズなカレーに比べれば全然辛いのでちびっこにはお勧めできませんが以上！タラカリー完成です！

さて、いつものように事務所に持って帰ってK村さんと試食。

犬）これ、ルーパーさんが辛くないって作ってましたよ！

K）ホント～？いや！ルーパーさんの辛くないは信じないよ！

犬）でもチリパウダー使ってませんよ？ホワイトカリーって言ってた！

で、試食……タラのふっくらとした白身と辛さやスパイスの量を加減したカリーのグレービーココナッツミルクのまろやかさがぴったりマッチして想像通りの美味しさです!!

K）やっぱりだんだん辛くなってきたよ！

犬）え……グリーンチリ1本でもダメでしたか……。

タラカリーのおさらい

タラの切り身 …… 3切れ（90～100gくらい）
トマト …… 中くらいを1/6個
タマネギ …… 1/6個
ニンニク …… みじん切り小さじ1
ショウガ …… みじん切り小さじ1
青唐辛子 …… 1本
シナモン …… 3cmくらいの皮3枚
カルダモン …… 3粒
クローブ …… 5本
フェヌグリーク …… 小さじ1/4
カリーリーブス …… 7枚
オリーブオイル …… 大さじ2
水 …… 適量

〈スパイス〉
ターメリック …… 小さじ1/4
カリーパウダー …… 小さじ1
カリークリーム …… 小さじ1/4

〈ココナッツミルク〉
ココナッツミルクパウダー …… 大さじ山盛り2
お湯 …… 100cc

塩・コショウ …… 適量
レモン …… 1/6個

魚も火が通るのが早いので30分ほどで完成しますよ！

「サバカリー」

今回はありそうでなかったサバカリーです!! 昔ありましたよね? サバのカレーの缶詰。なんかTVドラマとかでも見た覚えがあります。ポピュラーな大衆魚で美味しいカリーを作ってみました♪

犬)ルーパーさーん。今月何教えてくれる??
ル)何がいいかねえ……。
犬)今安いものって何かあったっけ?何か季節のものとか……。
ル)わからないね!(でた!久々の決め台詞!)
犬)なんだろ。菜の花とか?スリランカに菜の花ないよね?
ル)なのはな……ないねえ。
犬)菜の花で何か作ってみたことある?
ル)いや、ない。
犬)んん〜〜。考えててもしょうがないか。スーパーに行って何か安いものを買ってくる!!

いまだかつてこれ以上に行き当たりばったりだったことがあるでしょうか?いや、ない!(反語表現)

で、取材当日の朝、出勤途中にスーパーに行きましたところ話題に上った菜の花が売ってありましたのでとりあえず1つかごに入れまして。そのまま鮮魚コーナーを覗くと……。「サバ2匹198円」、アタマついたままのサバ(中くらいの大きさ)が2匹で198円。コレも買っていくことに決めました。さて、さばと菜の花を持ってヌワラエリヤに行き、厨房に入って……。

犬)ルーパーさん!! コレ買ってきた!!

サバと菜の花を出す私。

犬)どっちで何作る?
ル)菜の花……。生で食べる?
犬)えっ……。どうかな。食べたことない……。

その場にいた日本人スタッフ全員でちょっとした議論になりました。全員で達した結論→菜の花は一度茹でるよね!

ル)そう……サンボールにしようかと思ったけど……。
犬)いや……。別に生で食っても大

丈夫かもよ？

ル)いや……普通、生で食べないものを生で食べたらよくないね……。何かあるかもしれないし……。

犬)あ、うん……。それはそうかもね……(毒とかはないと思う……)。

じゃあサバにする？

ル)サバで作ったことなかった？

犬)デビルサンマは作ったけどサバはまだだよ。

ル)じゃあサバどうする？

犬)カリー？

ル)いいよ。

今回のメニューがようやく決定しました。サバカリーです。いつも通りランチのお客様がひけた午後3時ごろを待ってから料理を開始することに。約束の時間にカメラを持って再び厨房を訪ねるとルーパーさん、すでに材料を並べて待っていてくれました♪

犬)お待たせー！！さあ作ろう！

ル)うん。じゃあまずサバね。

サバ、アタマ、うろこ、内臓を取った状態になってます。ふと見ると卵らしきものも一緒に並んでる……。

犬)ん？卵？

ル)うん。コレも入れてみる。

犬)おお、美味しそうだね!!

ル)じゃあまずサバを切るね。

サバをそのまま幅4㎝、指の間接2つ分くらいの厚さにぶつ切りにしていきます。

ル)骨も一緒ね。サバは真ん中に大きい骨があるだけだし骨も一緒だとコクが出る。(写真1)

犬)ああ、そうだね。日本でもサバはまあそんな感じで使うよ。っていうかコクってどこで覚えた日本語……？

ル)ふふ〜ん♪

ニヤリ笑いのルーパーさん。サバを切ってしまったらすでにお皿に並べてある他の材料の説明に取り掛かりました♪

犬)まずは……タマネギ。コレどれくらい？

ル)4分の1個ね。

みじん切り……までは行きませんが細かいくし切り状態に刻んでください。

犬)ショウガとニンニクは？何かちょっと多いよね？

ル)小さじ2ね。

ショウガのみじん切りとニンニクのみじん切りを小さじに2ずつ。

犬)トマトー。

ル)4分の1個。小さいトマトなら半分くらい。

トマトもいつもどおり細かくダイスに切ってください。

ル)カルダモン5、クローブが10くらい。

犬)えーと、カルダモン5粒、クローブが10本くらいね。

ル)シナモンは3㎝……？

犬)ん〜〜……。

横に私の小指を並べてみるとちょうど同じくらいの長さです。

犬)シナモンスティック小指2関節分(だいたい4㎝くらい)ね!!

ル)うん。そうね。

犬)グリーンチリは1本ね。(写真2)

ル)そうね。

3

4

5

ル）次、スパイスね。

ルーパーさん。スパイスが並んでるお皿を出してきました。茶色い粉（カリーパウダー）と黄色い粉（ターメリック）と赤い粉（チリパウダー）と茶色い塊（カリークリーム）の4種類。

うっ……なんかチリパウダーの山がいつもよりこんもりしている……。

犬）チリパウダー……。何か多くない……？

ル）小さじに1・5杯ね。（写真3）

普段の2・5倍DEATH!!!!

犬）ねえそれK村さん泣くよね……？

ル）ん？いや、大丈夫よ。魚カリーはコレくらい入れないと。

犬）ほんとか……？いや、私は大丈夫だけどさ……。

K村さん……ごめんなさい……。

ル）カリーパウダーも小さじ1・5。カリークリームは小さじ2分の1くらいね。

犬）ターメリックは？

ル）小さじ2分の1ね！

次はココナッツミルク。すでにお湯に溶かれた状態でスタンバイしてあります。

犬）これは？どのくらい？

ル）ココナッツミルク（パウダー）大さじ（山盛り）4ね。お湯は100cc。

と、いうわけであらかじめココナッツミルクパウダー大さじ4を100ccのお湯で溶いておいてください。

犬）コレで全部？

ル）後は塩・コショウと炒め油くらいね。

では調理開始!!

ル）炒め油大さじ2ね。

深めのお鍋にオリーブオイルを……。いや、大さじ3か4くらい入ってるよそれ……絶対2じゃない。それくらいの量を投入。強火にかけます。十分に熱くなったところで……。（写真4）

ル）トマト以外全部入れるね!!

材料にのったお皿を出してきてトマト以外を一気に投入。ジュワーーっと音が上がります。えー、正確に書きますとタマネギ、ニンニク、ショウガ、カルダモン、クローブ、シナモン、青唐辛子、です。木ベラで手早くかき混ぜるルーパーさん。

ル）茶色くなってきたら大丈夫ね!!

タマネギやらニンニクが色づきはじめるまで炒めるようです。

わりとすぐ茶色くなってくるんですがそしたら……。

ル）チリパウダーね。

スパイスのお皿からチリパウダーだけを鍋に投入しました。（写真5）

ル）今日はね、順番がある。

犬）へえ～……。

とはいえチリパウダーはすぐ焦げちゃいます。ほんの数秒手早くかき混ぜ、全体が赤く染まったところで……。

ル）サバ入れるね。（写真6）

サバ投入。またちゃちゃっと混ぜてから、すぐに、

ル）他のスパイス入れるね～。

ターメリック、カリーパウダー、カリークリームを投入!! 軽く混ぜながらちょっと長めに炒めます。長めっつってもほんの2、3分ですよ!! 全体にスパイスが絡んだか絡まないか……

6

7

8

くらいのところで、

ル)ちょっと水入れるね。(写真7)

犬)水?

ル)うん。このままだとスープがないから。

お玉でちょいちょいっと水をすくってあっという間に入れちゃった!!

犬)えーー、水どのくらい入れたーー??

鍋を覗き込むと……鍋の中身が下3分の1浸かる程度の量のようです。

ル)フタして5分煮るね。(写真8)

犬)5分?早くない?

ル)いや、魚はあんまり煮ない。

犬)ふーん……。

ちなみに火は強火のまんまです。今回、調理開始からの展開がえらい早いのでメモと写真に必死になっているとあっという間に5分経ってしまいました……。いよいよ早い。鍋のフタを開けて軽く混ぜるルーパーさん。強火なのに焦げ付いていません。何でだろう……。見事すぎる。(写真9)

ル)塩・コショウ入れるね。

ここで軽く塩・コショウ。続いて……。

ル)トマト入れるね。

ここでようやくトマトが合流。全体がなじんだところで(ってものの数秒なんですが)

ル)ココナッツミルク入れるね。(写真10)

あらかじめお湯で溶いていたアレを一気にお鍋の中へ。鍋の中が白濁してカリーらしくなってきました♪

ル)ん~~ちょっと水足すね。

お玉でちょこっとお水を足してます。スープが足りなかったのね。ちなみにお鍋の中は材料の5分の4が浸かる程度の水分量のようです。

ル)ちょっと煮るね。

犬)サバが煮えるまで?

ル)そうね。

最終的にこの時点で魚に完全に火が通るように作っていくようです。煮込んで味をしみこませたりとかはあまりしない。それがルーパーさんクオリティ。

ル)だいたい10分くらいかな。

割りとすぐです。ちょっとサバをつついて煮えたのを確認したら……。

ル)最後にレモンね!

軽く果実を絞ったのを直接入れています。だいたい小さじ1くらいの量かと。

ル)できたよーー!!

犬)おおーーー。やったーー!! ありがとうございます♪

あんまり赤くなくて辛そうには見えませんが……。たぶん辛いよね……。

以上、完成です~。

お弁当箱につめてもらって事務所でK村女史と試食。今日はチリパウダーが通常の2.5倍入っていますす!!と一言ちゃんと伝えました。

サバはお魚の風味そのまま。かといって魚臭さとか風味が強すぎることはありません。これはスパイスのおかげなんでしょうね。スープ部分は出汁が出ておいしーーい♪とK村女史が……「これやっぱり辛いよーーーーーーー」と訴えてきました。ああ、やっぱりね……。ご飯と食べたらちょっとは緩和されるかしら。辛めのカリーが好きな方には特にオススメです♪

9

10

サバカリーのおさらい

サバ …… 2匹
トマト …… 1/4個
タマネギ …… 1/4個
ニンニク …… みじん切り小さじ2
ショウガ …… みじん切り小さじ2
カルダモン …… 5粒
クローブ …… 10本
シナモン …… 4cmを1本
青唐辛子 …… 1本
塩・コショウ …… 適量
オリーブオイル …… 大さじ2〜3
水 …… 適量

〈スパイス〉
チリパウダー …… 小さじ1と1/2
カリーパウダー …… 小さじ1と1/2
カリークリーム …… 小さじ1/2
ターメリック …… 小さじ1/2

〈ココナッツミルク〉
ココナッツミルクパウダー …… 大さじ山盛り4
お湯 …… 100cc

レモン果汁 …… 小さじ1

辛いです。覚悟してください……

スリランカ小紀行

スリランカはインド洋に浮かぶ島だけあって漁業もとても盛んで海岸線を走るとよく道路端で魚を売っている。以前マグロの輪切りをスリランカの友達の家でサイコロ状に自分でさばき醤油があったので刺し身で食べた。メイドがびっくりしていた。

「蟹カリー」

今月はなぜか蟹カリーです。高い蟹じゃなくて石蟹！
磯とかにもよくいる小さい渡り蟹っぽいやつです。
よくお味噌汁に入れたりするアレ。
食べるところは少ないのですがいいお出汁が出るので
カリーにぴったりなんではないかと！
人手不足も極まれり、ツナパパのランチに手伝いに入ってたら
今月の料理教室の取材日が翌日だということを
すっかり忘れていました。

犬）ルーパーさん！忘れとった！明日また何か作って教えてほしいんやけど！

ル）明日？

犬）明日忙しい？

ル）予約がいっぱい入ってるね。予約表を見ると……ああ本当だ。カリー鍋の予約とか入ってます。

犬）ごめん。ツナパパ手伝いに行ったりしてて言うの忘れてました……。

ル）どうしようか。

犬）いつがいいですか？月曜日は？ルーパーさんいる？

ル）月曜日いるよ！

犬）じゃあ月曜日！何か勝手に買ってきていい？

ル）いいよーーー。

改めて後日教えてもらうことになりました。ホント、早くバイトさんパートさん増えてください……。

で、取材当日、スーパーに寄ると鮮魚コーナーにいろんなお魚と一緒に「お味噌汁に！福岡産イシガニ」が並んでおりました。味噌汁になるならカリーにもできるんじゃない？以前渡り蟹でデビル蟹を作ったことはあるのでコレはいけそうだと思い、今月はイシガニを購入することにしました。

犬）ルーパーさーん！来たよーー！

ヌワラエリヤの厨房に蟹を持っていくと……ナオミちゃんが来てました！ナオミちゃん＝ルーパーさんの娘さん。大学のお休みの間に2年ぶりに来福。ラーメン仮面がオープンしたばかりの頃、お店を手伝ってくれたりしました。厨房にお父さんの仕事を見に来たらしい。

犬）おお！ナオミちゃん！

ナ）コンニチハーー。

ル）何買ってきた？

犬）あ、コレ。蟹！

ル）カニ！

犬）ちっちゃいよ。

パックのカニをみたルーパーさん、おもむろに1匹お腹をめくって甲羅をべりっとはがしてまじまじと見てから。

ル）カリーになるねえ。作ったことないね？

犬）なかったと思う。

ル）カリーにしましょう。

犬）そう思って買ってきたんよ！

今日のメニューは蟹カリーに決定です。

ル）じゃコレはがすね。

犬）うん。

とりあえず蟹の甲羅を全部はいでしまいます。足とか身のついてる胴体部分とミソの残ってる甲羅部分が分割されました。

ル）こっちどうする？入れる？

甲羅の方を捨てるとか言い出した！！

犬）えーー！ここらへんが美味しいんだよ。ミソだよ！日本人大好きだよ！

ル）そうねえ。じゃあ後から入れようか。

それを端から見ていたナオミちゃん。シンハラ語でルーパーさんに何か言っています。何か微妙な顔つき。

犬）ん？ナオミちゃん蟹食べない？

ナ）食べないね！コワイ！

犬）怖いい～？美味しいよ？

ナ）ううん。

顔をしかめてイヤイヤする。

犬）ルーパーさん、スリランカは蟹食べない？

ル）食べるよ。そんなに食べないけど。

スリランカ的にゲテモノ、ということではないらしい。

ナ）ちっちゃいエビなら食べる。サンボールで！

犬）ちっちゃいエビ？ちっちゃいのとかかわいそうやん。おっきくなるまで待たな！

ナ）えええーーー。

意見の相違です（笑）。

とりあえず蟹をばらばらにして身と足のほうを軽く洗ってボウルに入れます。（写真3）

ル）カリークリーム入れるよーー。

犬）お、下ごしらえね。

4

5

6

蟹は全部で10匹ほどです。３００円くらいで売ってました！

ル）塩・コショウとカリークリーム……これくらい！

黒いカリークリームの塊を見せてくれました。消しゴム半分くらいのサイズです。

ル）だいたい大さじ半分ね。

蟹のボウルにまず塩・コショウを振ります。この時点ではちょこっとでいいみたい。

ル）かにとかエビは海の塩味ついてるからあんまり塩入れないね。

犬）ああ、そうねえ。

次にさっきのカリークリームを小さなボウルに入れてちょこっと水を入れて溶きます。その水溶きカリークリームを蟹にまぶしてください。

ル）よく混ぜるねー。

ボウルの中を手でよく混ぜます。全体がよく混ざったらとりあえず放置！（写真４）

ル）他の材料ねーー。

ルーパーさん、言いながらもうすでにタマネギを刻みだしてる。

犬）ちょ、早い！タマネギどれくらいですか？

ル）タマネギ４分の１ねー。

タマネギ４分の１個をみじん切りにしてください。

ル）ニンニクとね、ショウガも入れるよ。

ニンニクとショウガのみじん切りが入っているケースからスプーンで一すくいずつお皿の上に乗せていくルーパーさん。

犬）ニンニクとショウガはどれくらい？大さじ？

ル）ううん。小さじね。ショウガをちょっと多めに。

あら。いつもは同量で入れるニンニクとショウガが今日は量が違うらしい。

ル）スリランカではね、蟹は体が温かくなるね。だからショウガを多めに入れる。

犬）んん？？

よくよく聞いてみるとスリランカでは蟹を食べると体が温まる効果がある、とされているそうでショウガを多めに入れて代謝向上の相乗効果を狙う、ということらしい。

犬）ショウガは日本でも言うけど蟹ははじめて聞いたよ。

ル）そう？

スリランカのおばあちゃんの知恵みたいなもんでしょうか？ともかくニンニクのみじん切りは小さじ２分の１、ショウガのみじん切りは小さじ１です。

ル）グリーンチリ１本ね。

青唐辛子を１本。細かい輪切りにしてください。

ル）カリーリーブス入れるねーー。

枯れ葉っぱの入った瓶からもさっとテキトーにつまみ出したので急いで数を数えます。

犬）えーと、10枚くらい？

ル）そうね。それくらい。

カリーリーブスは10枚。

ル）シナモン入れるねー。

スティック状のシナモンをポキッと折ってお皿に並べるルーパーさん。長さはだいたい５cmほどでしょうか。

ル）クローブ入れるねー。

黒い釘みたいなクローブを、いち、に

い、と数えてます。
ル)クローブ7本!
犬)ハンパな数字だね……。
ル)カルダモンも入れるよー。
犬)いくつ?
ル)んーー、5個?
5粒のカルダモンを寝かせた包丁の下敷きにして上からぐっと押して鞘をプチッとつぶしてください。
ル)次、トマトねー。
犬)トマトどれくらい?
ル)んー、4分の1。
トマト4分の1個を細かくダイス状に刻んでください。(写真1)
ル)あとフェヌグリークねーー小さじに半分!
瓶のフタにザラっと出したフェヌグリークをお皿にのせて見せてくれました。
ル)あとはスパイスねー。
スパイスを白い小皿に並べてのせていきます。
ル)ターメリックが小さじ3分の1。
カリーパウダーは小さじ1。チリパウダーは小さじ半分ねー。

犬)え?え?ちょっと待って!

ルーパーさんが3色の粉をお皿にさっさと分量分のっけるのであわててメモしました。(写真2)
ル)あとココナッツミルク。
ルーパーさんがヤカンのお湯をとりに行きます。今日は先に準備してしまうらしい。小さなボウルにココナッツミルクパウダーを……。
ル)大さじ3ね。
犬)今日はいつもより少ないね。
ル)そう?
と言いながら今度はお湯を計ります。
ル)お湯200cc入れるね。
犬)200ccね。
ボウルにお湯を注いで泡立て器で混ぜてキレイに溶かしてください。(写真5)
犬)コレで全部?
ル)そうね。じゃあ作ろうか。
お鍋をコンロにかけます。火は強火で。
ル)油引くね。大さじ2。
犬)そこはいつもと同じね。
ル)そうねえ。
強火でアツアツ、煙が出るくらいに熱した鍋に材料を入れて炒めます。
ル)トマト以外ねー。
刻んだトマト以外の材料(タマネギ、ニンニク、ショウガ、青唐辛子、カリーリーブス、シナモン、カルダモン、クローブ、フェヌグリーク)をまとめて鍋の中へ!ジュワーーーっと音がして一気に香りが立ち上ってきます。木ベラで丁寧に混ぜながら炒めていってください。(写真6)
ル)色が変わってくるまでね。
しばらく……といってもそんなに何分もじゃないんですが炒めているタマネギやニンニクが薄ら茶色く色づいてきます。そしたら……(写真7)
ル)スパイス入れるねー。
火を中火に落としてチリパウダー、カリーパウダー、ターメリックの3種類の粉末をばさっと鍋の中へ。手早く混ぜてから間髪いれずにそこに蟹とトマトを入れます。(写真8)
ル)スパイスすぐ焦げるからねー。
スパイスは焦げやすいので鍋に入れたら手早く炒めてすぐにトマトや蟹を入れて焦げ付かないように注意してくださいコレも手早く混ぜて全体がよくなじんだところで……。
ル)水入れるよーー。
鍋に水を入れます。量は蟹が半分浸かるくらいで。(写真9)
犬)そういやルーパーさん、あれは?
背後のステンレス製の作業台の上にはミソ&蟹の甲羅部分が放置されてます。
ル)あ、それも入れようか。
犬)うん!

ミソと甲羅も鍋の中にざらっと投入。
ル)フタするねー。
鍋にフタをして煮込みます。煮込むといっても大した時間じゃない。あ、火は中火のままで!

犬)どれくらい煮るの?
ル)んーー、10分くらい?蟹すぐ火が通るから。
時々フタを取って軽く混ぜたりします。蟹はすぐに火が通るので鍋の中の蟹はすでに真っ赤に。10分ほど煮込み、水分が最初入れた時より少し減ったところでル）ココナッツミルク入れるよー。
ボウルに作っておいたココナッツミルクをじゃばっと注ぎます。軽く混ぜて火を弱くしてください。ココナッツミルクを入れたら煮立ててはダメ！

ル）味見してちょっと塩足すね。
元々蟹に塩味っぽいものがついてるのと最初に絡めたカリークリームにも塩分が入っているのでたぶんちょびっとでいいと思います。

ル）最後にレモン入れるね。
6分の1ほどにカットした実を直接お鍋の中に絞りいれてください種が入らないように注意して！ちょっと味見をしたルーパーさん曰く。

ル）おいしい！出汁が出てるよ。
そしてそれを「え……」って顔で見ているナオミちゃん。

犬）美味しいよ？食べない？
ナ）ううん！
イヤイヤしてるよ……美味しいよ？

犬）スリランカにも蟹いるんでしょう？
ナ）いる。海の中道の水族館（福岡のマリンワールドのこと）でも見たよ。でもアレは食べないね？
犬）マリンワールドのでっかい蟹（タラバとか毛蟹とかタカアシ）？日本人食べるよ？
ナ）食べる！？！？
犬）食べるよ！うんまあアレルギーの人もいるけどね……。

ナオミちゃんめっちゃ引いてます……。我ら日本人がゲテモノ喰いなのかナオミちゃんが偏食なのかわからなくなってきましたがともかく蟹カリー完成です！（写真10）

完成したものを事務所に持って帰ってK村さんと試食。蟹は小ぶりなので身を食べるというよりはしゃぶるという感じ。兎に角旨みが濃くておいしい！！！！！

辛さは……。

K）辛い……けどおいしいねえ！
蟹が甘いのもあってK村女史でもご飯にかければ耐えられるレベルのようです。たくさんできたので余った分を自宅に持ち帰って、冷蔵庫に保存。2日後に普通のご飯と一緒に温めなおして食べたらそれがまた旨いの何のって……!! コレ絶対オススメです！すごく美味しいし、蟹が手頃な値段なのでいずれ機会があれば家庭料理の会なんかにもお出ししたいですね！

蟹カリーのおさらい

石蟹 …… 10匹。フツーの渡り蟹を2〜3匹でもOK
カリークリーム …… 大さじ1/2
塩・コショウ …… 適量

トマト …… 1/4個
タマネギ …… 1/4個
ニンニク ……みじん切り小さじ1/2
ショウガ ……みじん切り小さじ1
青唐辛子 …… 1本
カリーリーブス …… 10枚
シナモン ……5cmを1本
クローブ …… 7本
カルダモン …… 5粒
フェヌグリーク …… 小さじ1/2

オリーブオイル …… 大さじ2
水 …… 適量

〈スパイス〉
ターメリック …… 小さじ1/3
カリーパウダー …… 小さじ1
チリパウダー …… 小さじ1/2

〈ココナッツミルク〉
ココナッツミルクパウダー …… 大さじ山盛り3
お湯 …… 200cc

レモン …… 1/6個

蟹はすぐ火が通るので煮込み過ぎないように！

10

「牡蠣カリー」

貝類でカリーを作ったことってホタテカリーくらいしかなかったと思いますが
今回牡蠣でカリーを作ってみました！
年末なんでちょっと贅沢して特別感を出したかったのです！
事前にルーパーさんには「何買って来てもいいよ」と許可をもらっていたので
取材当日ヌワラエリヤの近所のスーパーに行ってみました。
さすがに12月だけあってお鍋用の野菜や冬の魚介が並んでます。
夏ごろに家庭料理の会でルーパーさんたちがアサリカリーを作っていたので
牡蠣でもいけるんじゃなかろうか？と思い、加熱用の牡蠣を2パックGET。
もしかしてダメ出し食らった時のためにかつお菜の束も1つ購入して
ヌワラエリヤに持っていくことにしました。

犬）ルーパーさん！買ってきたよーー牡蠣！

ル）かき？

犬）オイスター！

ル）あ、オイスターね。

犬）アサリでカリー作ってたから牡蠣でもカレー作れない？

ル）できるよ。

犬）ホント！じゃあそれがいい！

ル）いいよーー。

かつお菜はまたの機会に。ってことで今回は牡蠣カリーです！

ル）じゃあ作ろうかー

牡蠣のパックを開けるルーパーさん。

ル）コレ何g入ってる？

犬）んーーと、100gって書いてある。

ル）じゃあ2つで200gね。

牡蠣をパックから出して水洗い。小さなボウルに入れておきます。

ル）他の材料も出すね。

ルーパーさん、言いながらタマネギを刻み出しました。

犬）タマネギちっちゃいね。

ル）そうねえ。牡蠣少ないからコレくらいでいい。

小さめのタマネギを4分の1。みじん切りにしてください。

犬）ショウガとニンニクは？

ル）入れる！

ショウガはすでにみじん切りにしてあるものが用意してあったのでそれを小さじ1。ニンニクは……用意してなかったので今からみじん切りします！

ル）どっちも小さじ1ね。

犬）どっちも。

ル）グリーンチリ入れるよー。

青唐辛子を1本。細かい輪切りにしてください。

ル）シナモンはコレくらいね。

スティック状のをポキッと折って用意します。

ル）だいたい5㎝くらい？

犬）そうね。それよりちょっと短いかなあ。

シナモン4㎝くらいで。

ル）クローブね、5本。カルダモンは4粒。

黒い釘みたいなクローブを5本。

カルダモンの緑色の鞘は寝かせた包丁の下敷きにして上からぐっと力をかけてプチッと鞘をつぶしてください。それからカリーリーブスも10枚ほど用意。

ル）トマトも入れるよー。

犬）それもちっちゃいね！

小ぶりのトマトを半分。ダイス状に細かく刻んでください。

ル）あとねフェヌグリークも入れるよ。

小さじ……半分くらい？

犬）フェヌグリーク小さじ2分の1ね。

ぶどうの種を乾かしたような感じのフェヌグリークをちょこっと。コレで材料は揃いました。（写真1）

ル）あとスパイスねー。

スパイスを並べるお皿を私が出してきたら、ルーパーさんがどんどん粉末を出してきました。

ル）チリパウダーが小さじ半分。カリーパウダーも同じくらい。

犬）カリーパウダー少ないね。

ル）そうね。あんまりいっぱい入れないね。

犬）ターメリックは？

ル）んー。小さじ4分の1？

犬）ターメリックちょびっとね。

ル）そうね。

犬）カリークリームは入れない？

ル）カリークリーム入れる！

ルーパーさん、瓶からちょこっとだけカリークリームを出します。

ル）小さじ……4分の1？コレくらいね。

これも少なめ。小さじ4分の1ですからひとつまみ強といったところでしょうか。白いお皿の上に茶色い粉、黄色い粉、赤い粉、こげ茶色の塊が出揃いました。（写真2）

ル）あとはココナッツミルクだけね。

ココナッツミルクはあとで準備するとして、コレで材料は出揃いましたので早速調理開始！

ル）まず牡蠣に塩・コショウとカリークリームね。（写真3）

牡蠣のボウルにカリークリーム、塩・コショウを振って手でまぜまぜ。（写真3）薄ら茶色く染まった牡蠣はとりあえず放置します。ルーパーさんは小さめの片手鍋を用意。炒める用のオリーブオイルを……。

ル）油大さじ2くらい！

だそうです♪大さじ2の油の入った鍋を温めてしっかり熱くなったところで、

ル）トマト以外を炒めるね！

正確には、タマネギ、ニンニク、ショウガ、青唐辛子、シナモン、クローブ、カルダモン、カリーリーブス、フェヌグリーク、です。コンロの火は中火。一気に鍋の中に材料を投入して、木ベラで丁寧に混ぜながら火を通していきます。（写真4）

ル）ニンニクとかがね、茶色くなってきたらスパイス入れるね。

しばらく炒めているとニンニクやショウガがほんのり色づいてきます。そしたら火を弱火にして。

ル）まずチリパウダーね。（写真5）

お皿の上の赤い粉末だけをパッと鍋の中へ！手早く混ぜ、間髪いれずに

ル）カリーパウダーとターメリック入れるね。

茶色い粉と黄色い粉も投入！コレも手早く混ぜてください。（写真6）

ル）スパイスは焦げやすいからね。

全体が混ざったら（この間10秒チョイくらい）すぐに

ル）次！牡蠣とトマト入れるねーー

今回の本命、牡蠣とトマトを一緒に鍋に！これも牡蠣をつぶさないように注意しつつ混ぜたら今度は水を入れます。（写真7）

ル）水ね、コレくらい。

牡蠣が半分浸る程度の量の水を鍋に注ぎます。

犬）フタする？

ル）するする！

鍋にフタをしてしばらく煮ます。火は相変わらず弱火で！（写真8）

ル）だいたい15分とか20分くらいね。貝とか魚はすぐ煮えるから。

犬）そうねえ。

ル）あ、ココナッツミルク今作るよ！

小さいボウルを用意したルーパーさん。ココナッツミルクパウダーの粉末を大さじで山盛り1と2分の1入れます。

犬）あれ？それだけ？少なくない？

ル）うん。少しで大丈夫。

お鍋の中身がそんなに多くないので今日はココナッツミルクもちょびっとでOKです。

ル）お湯は……100……いや、70ccくらい。

犬）お湯も少ないねえ。

ル）うん。ホラ。

7

8

9

ちゃんと70ccお湯を計ってボウルの中に注ぎます。泡立て器でグルグル混ぜてダマができないようにきれいに溶かしてください。さて、ココナッツミルクができたところでお鍋の方に戻りますフタを開けて木ベラで軽く混ぜ焦げ付いたりしていないか確認。さっきよりちょこっと水量が減ってるくらいですが牡蠣にはもう火が通ってる模様。

ル）これくらいでいいね。ココナッツ入れるよーー。

今作ったココナッツミルクをお鍋に注ぎ込みます。ここで味見！

ル）うん、美味しいね！

犬）ホント？

ル）うん。最後にレモン入れるよ。

6分の1くらいにカットしたレモン果実を鍋に直接絞りいれます！

ル）できたよーー。（写真9）

以上！牡蠣カリーが完成しましたーー。

いつも通り事務所に持って帰って試食……と思ったら郵便局の担当さんが来社したのでちょうどいい！カレー食べますか!?とちょこっとお出ししました（笑）。営業に来たお客様にカレーを出す我が社……。

で、牡蠣カリーですが予想通りの旨さ！ルーパーさんの火の通し加減がジャスト！なのでスープに牡蠣の旨みや香りがしっかり出ていて、牡蠣の身自体は火が通り過ぎてなくジューシイでやわらかい！貝って火が通り過ぎると硬くなっちゃいますからもうコレはさすがルーパーさんとしか言いようがない……。

カキフライをトッピングしたカレーもいいですが本格的に具に牡蠣を使用したカリーも美味しいです！こんな贅沢もたまにはいいんではないでしょうか？

牡蠣カリーのおさらい

牡蠣 …… 加熱用むき身を200g
カリークリーム …… 小さじ1/4
塩・コショウ …… 適量

トマト …… 小ぶりのものを1/2個
タマネギ …… ちいさめを1/4個
ニンニク …… みじん切りを小さじ1
ショウガ …… みじん切りを小さじ1
青唐辛子 …… 1本
シナモン …… 4cmを1本
クローブ …… 5本
カルダモン …… 4粒
カリーリーブス …… 10枚
フェヌグリーク …… 小さじ1/2
オリーブオイル …… 大さじ2

水 …… 適量

〈スパイス〉
チリパウダー …… 小さじ1/2
カリーパウダー …… 小さじ1/2
ターメリック …… 小さじ1/4

〈ココナッツミルク〉
ココナッツミルクパウダー …… 大さじ山盛り1と1/2
お湯 …… 70cc

レモン …… 1/6個

煮込み過ぎに気を付けて！

『ホタテカリー』

今月はシーフード！ホタテでカリーを作ってみました。ちょっと贅沢!!ご馳走な感じです。クリスマスのご馳走にいかがでしょう（コレを掲載したのが11月末のメルマガでしたので……）？取材の4日前。ふと立ち寄った近所のスーパーでホタテが安売りされてました。1コ38円。コレで何か作れないかなあと、ふと思って翌日ヌワラエリヤに行った時に……。

犬）ルーパーさん！金曜日!! 何作る??

ル）何でも買ってきていいよ。

犬）ホタテは？ホタテでなんか作ったことある？

ル）いや。カリー作る？

犬）ホタテカリー作れるの？おいしそう！

ル）作れるよーー。

犬）スリランカってホタテないよね？寒いところにいる貝っぽいし。

ル）そうね。

犬）スリランカでは貝食べない？

ル）ううん。食べるよ。でもホタテはない。

犬）ふーーん。じゃあホタテ買って、持ってくるね。

で、取材前日の夜に再びスーパーへ。お刺身用ホタテ15個くらい入ったやつを1パックGETして翌日ルーパーさんに渡しました。

犬）少ない？もっといるかな？

ル）ううん。大丈夫ね。

犬）そう？

足りるそうなのでとりあえず取材前の所用を済ませてランチのお客さんがひけた頃に再びヌワラエリヤへ。

犬）ルーパーさん来たよー。

ル）じゃあ作ろうか。

すでに材料をお皿に出して並べてあります。用意がいい！

犬）えーと、じゃあ材料の分量からね。トマト……なんかいつもより少ないね？いつもだいたい4分の1くらいなんですが今日はなんかえらくちょびっとです。

ル）うん8分の1くらいね。

ホタテの量が少ないから全体の分量も今回控えめみたいです。

犬）あ、そういやホタテどのくらいあった??

ル）んーーとね……。

パッケージに貼ってあったシールの値段とグラム数を確認。だいたい200gほど入ってたようです。あ、ホタテのヒモって呼ばれてる部分は買ったときすでにとってありました。
(写真1)

犬)タマネギはー?コレも少ないね。8分の1?

ル)そうね。

タマネギは8分の1をみじん切りにしてください。そして……いつもは1本、丸のままのってるグリーンチリがすでに刻んであります。

犬)グリーンチリは1本?

ル)ううん!半分ね。

青唐辛子は半分。軽い斜め切りに。

犬)葉っぱは……。20枚くらいかな

ル)そうね!

カリーリーブスは20枚。

ル)クローブ10個ね

犬)10本ね

黒い釘みたいなクローブを10本。

ル)カルダモン4粒。

と言いながらまな板の上でカルダモンの緑色の粒を押して軽くつぶしてます。こうして予めつぶしておくと中の香りが良く出るのですね。

犬)シナモンは……4……。3㎝くらいかな。

ル)そうね。

シナモンはスティック状の奴を1本。3㎝くらいの長さを。

犬)フェヌグリークは?小さじ4分の1かな?(写真2)

ル)そうね。それくらい。

犬)材料コレだけ?

ル)あとスパイスね。

犬)お皿お皿……。

スパイスはお皿に並べてない!

ランチのサラダ用のお皿を取ってきました。コレに並べてもらうことに。

犬)カリーパウダーは??

ル)小さじ半分。

犬)やっぱいつもより少ないね。チリパウダーは?

ル)小さじで2分の1ね。ターメリックも小さじ半分。

全部小さじ2分の1みたい。

ル)あ、あとカリークリーム。コレくらい。

小さい塊を1つ出してきました。

犬)小さじでどのくらいかなあコレ

ル)だいたい……小さじ2分の1?

カリークリームも小さじに2分の1だそうです。

ル）あとはココナッツミルクが大さじ2とお湯70ccとオリーブオイルかサラダ油大さじ2ね。それと塩・コショウ、レモン。（写真3）

それでは料理開始!!

ル）まずね。ホタテに塩とコショウとレモンで下味をつけるね。

犬）ふんふん。

ル）塩ちょっとでいいよ。

ホタテに塩・コショウをパラパラ。レモンを軽く絞ってかけてホタテにまんべんなくなじませます。

犬）ちょっとでいいの?

ル）うん。

ホタテの風味や、後に入れるカリークリームにも塩分が含まれてますのでここでの味付けはちょこっとでいいそうです。

次にお鍋を出してきたルーパーさん。鍋をコンロにかけて、オリーブオイル大さじ2を入れます。鍋が熱くなってきたところで……。

ル）鍋にトマト以外入れるね。

いつもの展開です。鍋に材料を入れるルーパーさん。

えーと、正確には、タマネギ、青唐辛子、カリーリーブス、クローブ、カルダモン、シナモン、フェヌグリーク、をお鍋にINです。

犬）ホタテとトマトはまだね?

ル）うんそう。スパイスも後で。

一気に投入!ジューーー!!っていってるところでふと気がついた。

犬）ねえ、ニンニクとショウガ入れないの??

ル）!!!!!!!!忘れてたね!

犬）一番大事なのに!!!!!

ニンニクのみじん切りとショウガのみじん切り、各小さじ2分の1をあわててお鍋に追加。（写真4）

ル）茶色くなるまで炒めるね。

ニンニク、ショウガタマネギがほんのり茶色く色づいてくるまで炒めます。何だかこの時点でいい匂いがしますよ……。

ル）茶色くなったらスパイス入れるね。

ここで火を超弱火にして、カリーパウダー、チリパウダー、ターメリック、カリークリームをお鍋に。全体に絡むように手早く混ぜます。

ル）焦げやすいから早くね。

スパイス、特にチリパウダーは焦げ付きやすいので火加減とスピードに気をつけて!

ル）次ホタテね。（写真5）

犬）おお、すぐだね。

スパイスを入れてちゃちゃっと混ぜたらすぐにホタテを投入。火は普通の弱火くらいに戻してください。

ル）2分くらい炒めてからトマトね。

2、3分ほど炒めて、ホタテの表面から完全に生っぽさが消えたら細かく刻んだトマトを投入。手早く混ぜてから……。

ル）水入れるね

犬）え?どのくらい??

じょばーーっと水をお鍋に注ぐルーパーさん。お鍋を見せてくれました。材料がひたひたに浸かる……よりちょっと少ないくらいの水量です。

（写真6）

ル）煮るね。

犬）フタするんでしょ?

ル）うん。

お鍋にはフタ。火は弱火です。

犬）どのくらい煮るの??
ル）ホタテが煮えるくらい。
犬）ふーん。

フタして火にかけたまましばらく待ちます。ルーパーさんは時々フタをあけて軽くかき混ぜながらホタテへの火のとおり加減を見ている様子。で、15分ほど経ったでしょうか。
ル）ココナッツミルク入れるよーー。（写真7）
小さいボウルにココナッツミルクパウダーを入れてお湯70ccを注ぎ、泡立て器で混ぜ溶かします。それをお鍋の中に投入。ホタテには完全に火が通って、最初の生の時より身が縮んで小さくなってます。（写真8）
ル）ミルクを入れたらあんまり煮ないね。
ぐつぐつ沸騰しない程度に火を下げて、軽くかき混ぜながら塩を足して、味を調えていきます。
ル）できたよー
犬）え、どう？おいしい？
ル）甘い！
どうやらホタテが甘いらしい。いいじゃないいいじゃない♪
犬）じゃあK村さんが泣かなくてすむ？
ル）そうね。
以上、完成です～。（写真9）
事務所に持って帰ってK村さんと試食することに。
犬）ルーパーさんが甘いって言ってましたよ。
と一応伝えてみました。食べてみると、ホタテの風味や甘みがココナッツミルクのカリーにぴったり！……。いや、でもけっこう辛い気がする……。そういえば全体の量はいつもと同じいのにチリパウダーはいつもより少なに小さじ2分の1入れてた気がする……。おそるおそるK村さんに「辛かった……ですかね？」ときいたら「やっぱり辛かったよーーーーーー！」でもルーパーさんの煮込み加減はやっぱりすごい素材の味が消えない程度の絶妙さ！」と言っておりました。K村さんが泣かなくてすむってのは嘘だったようです……。

ホタテカリーのおさらい

ホタテ …… 15個200g。ヒモは取ってください
塩・コショウ …… 適量
レモン …… 1/6個

トマト …… 1/8個
タマネギ …… 1/8個
ニンニク …… みじん切り小さじ1/2
ショウガ …… みじん切り小さじ1/2
青唐辛子 …… 1/2本
カリーリーブス …… 20枚
クローブ …… 10本
カルダモン …… 4粒
シナモン …… 3cmを1本
フェヌグリーク …… 小さじ1/4
オリーブオイル …… 大さじ2
水 …… 適量

〈スパイス〉
カリーパウダー …… 小さじ1/2
チリパウダー …… 小さじ1/2
ターメリック …… 小さじ1/2
カリークリーム …… 小さじ1/2

〈ココナッツミルク〉
ココナッツミルクパウダー …… 大さじ山盛り2杯
お湯 …… 70cc

チリパウダーはちょっと減らしてもいいかもです♪

「エビカリー」

今回はお正月にあわせてちょっと豪華(でもないか)にエビでカリーを作ってみました。お正月の和食に飽きたら目先を変えてこんな料理はいかがでしょう?

クリスマスディナーの準備で忙しそうなルーパーさんにメニューを相談しにヌワラエリヤの厨房に行きました。


犬)今月何作る?
ル)考えてないよ……。いつだっけ?
犬)金曜日(26日)。
ル)んん~~……。
そういえばお正月用に蟹の詰め合わせとかがTVショッピングで販売されてたのをふと思い出しました。

犬)ねえ、エビとか蟹とかあったら何か作れる?
ル)蟹高いね! エビで作る?
犬)エビね。
ル)エビカリー?
犬)エビカリー!! いいね!! ちょっとご馳走っぽくて!! エビは買ってくるよ!
ル)わかったーー。
で、木曜の夜にスーパーにエビを買いに行きました。どんなエビがいいのかよくわからなかったのでフリッターにするくらいのサイズのヤツと冷凍シーフードに入ってるようなピンク色の丸まってるやつを1パックずつ購入。翌日、ヌワラエリヤに持っていくと……。ルーパーさんお休みでした……(ご家族とお出かけしていた様子)。とりあえずエビだけ預けておこうとしていたら、そこへルーパーさんご家族と一緒に登場!

犬)エビ買ってきたよ~~
ル)今日は……。
犬)お休みなんやろ?月曜日にしようか?月曜日ルーパーさん大丈夫?
ル)いいよ。
結局、料理&取材は月曜日になりました。

そして今日、カメラ持って厨房を訪ねると……。皆何だかとても忙しそうです……。取材が終わらなきゃ本

社事務所に帰れません!! 皿洗いやらお米洗いやらアイスクリームの盛り付けを手伝い、ちょっと落ち着いたところでルーパーさんが呼びに来ました。

ル）作ろうか〜

犬）うん!!

すでに材料は揃えて並べてありました。

ル）エビね、400gあった。

私が買ってきたエビ、凍った状態で400gほどあったようです。

犬）エビ400gね。(写真1)

ル）タマネギ、ミディアムサイズを4分の1ね。

犬）みじん切りだね。

タマネギ中くらいのサイズのものを4分の1。みじん切りにしてください。

ル）ショウガとニンニク。どっちも大さじ1ね。

犬）大さじね?

ル）大さじ。

ニンニクのみじん切りとショウガのみじん切りを大さじ1ずつ。

ル）トマト。ミディアムサイズのを2分の1。

コレもみじん切り……とまではいかないでしょうが、細かくダイス状に刻んでください。

犬）次は〜……グリーンチリ1本、シナモン5㎝を1本、カルダモンを5粒……。(写真2)

私がメモっているうちにルーパーさん、向うにヤカンのお湯を取りに行きました。

犬）はっぱ(カリーリーブスのことです)2、4……15枚くらいね。クローブを10本……。ルーパーさん!このフェヌグリークは?

ル）フェヌグリーク小さじ4分の1ね。

ルーパーさん今度は小さなボウルにココナッツミルクパウダーを入れてます。

犬）えーと、スパイス!カリーパウダーはどれくらい?

ル）カリーパウダー小さじ1・5!チリパウダーは小さじ1ね

犬）ターメリックは?

ル）小さじ2分の1ね。

そう言いながらココナッツミルクパウダーを入れたボウルにお湯を注ぐルーパーさん。泡立て器でかき混ぜてます。

ル）あとコレね。ココナッツミルク大さじ3にお湯300cc入れるね。(写真3)

ボウルの中に真っ白い液体が完成。湯気立ってます。

犬）だいたいコレで全部?

ル）あと塩・コショウ。

と言いながらコンロに片手鍋をかけるルーパーさん。火は中火。

ル）油大さじ3くらいね。

鍋にオリーブオイル大さじ3ほど入りました。

犬）けっこう多いね。

鍋と油が十分温まったところで……。

ル）全部入れるよ〜。

エビ以外の材料ののったお皿を持ってきて全部鍋に入れちゃいました!! 正確に書くと、タマネギ、ショウガ、ニンニク、トマト、シナモン、カルダモン、クローブ、青唐辛子(あ、コレも軽く輪切りに刻んでください)、カリーリーブス、フェヌグリーク、です。

4

5

6

ジューーーッって音が立ち上ってます!! 木ベラで軽くかき混ぜてから……(写真4)

ル)次ね、順番がある。

犬)へ?

次にスパイスののったお皿を構えたルーパーさん、少し火を小さくすると……。

ル)あ、チリパウダーちょっと多かったかも。

犬)辛いの苦手な人はちょっと減らしてOKってこと?

ル)そうね。

そして改めて……。

ル)まずチリを入れる。(写真5)

鍋の中にチリパウダーを入れました!! 軽くかき混ぜると、すぐに全体が真っ赤になりました。うおおおお~!! 辛そうだ!!

ル)次にカリーパウダーとターメリックを入れる。(写真6)

真っ赤な鍋の中に黄色い粉と茶色い粉を投入。コレもすぐにかき混ぜて全体になじませてしまいます。

ル)いっぺんに入れないね。まずチリだけ先。今日のポイントね。

犬)ポイント……。

ルーパーさんが普通の料理教室っぽいこと言ってますよ……。

ル)次にエビ!!

水にさらして解凍したエビを一気に鍋の中へ!! これもちゃちゃっとかき混ぜてしまいます。(写真7)

鍋の中は赤茶色いスープの中に赤茶に染まったエビとところどころに葉っぱ(カリーリーブス)や木(シナモン)が浮いている状態に。いつもほど水気が多くないので怪しくはないです。(写真8)

ル)あ!カリークリーム忘れてた!!

犬)おお、カリークリーム、今日は使うのね。

肉や魚など、動物性たんぱく質でカリーを作る時はカリークリームを入れるみたいですね。肉や魚の強い風味に負けないスパイスを!ってことなんでしょうか。

ル)カリークリーム小さじ4分の1くらいね。

と言って取り出したカリークリームの小さな塊を小皿にのせるとルーパーさん、お水をちょこっとかけて溶きはじめました。(写真9)

ル)これを入れるね。

水溶きカリークリームもお鍋にIN!! 木ベラでかき混ぜます。ここまで4、5分ほど。材料を入れる順番は決まってますが1回入れたら手早くかき混ぜて次を投入って感じです。(写真10)

ル)ここで塩・コショウ。

塩を2つまみ。挽きブラックペッパーをパラパラッと入れました。で、また混ぜます。

ル)エビはね、あんまり煮ないね。

犬)すぐできるってこと?

ル)うん。あんまり煮ると固くなるから。ココナッツミルク入れてボコボコって一回なったらもう煮ない。

犬)ふーん。

「ボコボコってなる」→ルーパーさん語で沸騰の意です。鍋の中をかき混ぜながらエビの様子を見るルーパーさん。

ル)ココナッツミルク入れるね。

7

8

9

犬）だいたいエビが煮えたらってこと?

ル）そうね。

鍋の中に先ほど作った白い液体を投入します。一気に白濁するお鍋の中!! カリーらしくなってきた!!

ル）もうあんまり煮ないよ。2、3分くらいね。

ちょびちょび味見しては塩を足して味を調えるルーパーさん。火は中火よりちょっと小さいくらいのままです。段々鍋の温度が上がってきて沸騰に近づいてきました。と、鍋をかき混ぜ、エビの様子を見ながらルーパーさんが一言。

ル）エビ、もっと大きくてもいいよね。これ小さいね。

犬）ちょっ……。この期に及んで根本を揺るがすようなことを……!

ル）え?何?

「根本を揺るがす」の意味がわからなかった模様……。

犬）まあ、ともかくエビはこれよか大きめがいいと……。

ル）大きい方がコクが出るよ。

犬）わかったよ……。

そうこうしているうちに完成したようです。

ル）最後にレモン入れるね。

レモンの果実を半分に切ったものを軽く絞って果汁を少し鍋に。たぶん小さじ2分の1くらいです。ほんのちょこっと。コンロの火を消して……。

ル）できた!!

犬）やったーー!!

ルーパーさん、ちょっと味見して、

ル）おいしいよ!!

いつにも増してあっという間に完成しました。エビに火を通しすぎないのが今回のコツのようです。

ル）エビ、ブラックエビとかがあったらいいね!

ブラックタイガーのことね……。皆さんは冷凍シーフードのエビよりは大きめのエビを使ってみてくださいませ……。くそう……。

以上、完成です~。

もらって帰って事務所で試食。冷凍シーフードのエビでもだしがしっかり出ておいし~~い!! 普通においしいですが、何よりエビだし風味がお好きな方にはオススメの一品ですよ!!

チリパウダーが少々多めのためまたしてもK村女史は涙目ですが……。

エビカリーのおさらい

エビ …… 400g
トマト …… 1/2個
タマネギ …… 1/4個
ニンニク …… みじん切り大さじ1
ショウガ …… みじん切り大さじ1
青唐辛子 …… 1本
シナモン …… 5cmを1本
カルダモン …… 5粒
カリーリーブス …… 15枚
クローブ …… 10本
フェヌグリーク …… 小さじ1/4
オリーブオイル …… 大さじ3

〈スパイス〉
カリーパウダー …… 小さじ1と1/2
チリパウダー …… 小さじ1
ターメリック …… 小さじ1/2
カリークリーム …… 小さじ1/4

〈ココナッツミルク〉
ココナッツミルクパウダー …… 大さじ3
お湯 …… 300cc

塩・コショウ …… 適量
レモン果汁 …… 小さじ1/2

エビはケチらず大きめのを……

「ポテトカリー」

これもチキンカリー同様の定番、辛さは比較的控えめなポテトカリーです。
チキンカリーと一緒に作ってツナパハ気分をご自宅で!!
スパイスはお店で販売中ですのでどうぞヨロシク!!（CM、CM!!）
前回遅刻したため、今回はちょいと早めに行きました。

ル）先に材料切って用意したよ。
犬）早いです……。
前回と同じく並んだ皿に材料とスパイスが並んでいます。
ル）じゃあはじめようか。まずコレ。イモ300gね。
犬）ジャガイモ300g。皮と芽はとって大きめに切ってください。一口じゃ無理!! くらいの大きさで。（写真2）
ル）コレタマネギね。4分の1くらいを……
説明しながら軽くみじん切りにしています。
犬）大きさは？どれくらいですか？
ル）中くらいのヤツね。
犬）ハイ。タマネギ中くらいのサイズを4分の1。みじん切りですね。
ル）それからニンニク！ショウガ！
前）分量は……いつもの大さじ1ですね。
犬）うん、そう。山盛りね
前）ニンニクとショウガのみじん切りを大さじ1ずつ。だそうです。
ル）それから鰹節。これも大さじ1くらい。
犬）削り節じゃなくて削る前のカタマリを軽く刻んだヤツを大さじ1だそうです。
ル）で、これがカリーリーブス。
犬）……何枚？
ル）ちょっと待って……1……2……（また数えだした！）15くらいあるね。
犬）15枚くらいですね。
ル）次！唐辛子!! 1本ね。
と言いながら刻む。
犬）ハイハイ。いつものごとく青唐辛子1本10㎝前後を輪切りですね。
ル）それからトマト。中くらいのを4分の1ね。小さく切って。（写真1）
犬）ダイス状に刻んでください。

ル）次スパイス！カリーパウダー大さじ1！
犬）山盛り？
ル）山盛り。ターメリックが小さじに4分の1。（写真3）
ル）フェヌグリークも小さじ4分の1。シナモンはこれくらい。
犬）3～4㎝のスティック状のものを1本です。

ル）そしたら全部を入れるよ〜。
おもむろにでかい鍋を取り出すルーパーさん。

犬）は？全部……？何……？

擬音にするなら「どばー!!」って感じでしょうか。材料とスパイスを全部鍋に入れましたよ！今までにない新たな展開に驚愕の私！ルーパーさんは木ベラでぐるぐる混ぜる!!
ル）ここで塩とコショウも入れとくね。
ぱっぱと軽〜く味付けしてます。グルグル混ぜて生のジャガイモにまんべんなくスパイスがまぶさったところで……。（写真5）
ル）水入れるよ〜400㏄くらい。

200㏄のお玉で2杯。鍋の中に投入。（写真6）
ル）イモに水が……こう……被さるくらい……。
犬）あー、イモがひたひたになるくらい、ですね。
ル）うん。そう。それ。じゃあ火にかけるよ〜。
犬）火は？中火くらいかな？
ル）そうね。イモに火が通るまでずーっと煮るよ！
しばらく鍋はコンロの上。たまにフタを開けて竹串をジャガイモに刺しては火の通り具合をこまめに確認するルーパーさん。
ル）次！ココナッツミルク!!
犬）今のうちにってヤツですね!!
ル）そうね！
と言いながら小さいボウルを出す。
ル）ココナッツミルクパウダーを大さじで3杯!!
犬）それも山盛り？
ル）山盛り。
と、言いながらお湯の入ったヤカンをとりに走る!!

ル）お湯で溶かすよ〜コレくらい！フツーの家庭にあるくらいの大きさのお玉に1杯、100ccくらい……と思う。

犬）まあ……お玉に1杯ってことで。

これをよく混ぜて溶く!!それから芋に火が通るまでしばし鍋の前で待つ我々……。20分ほど経ったでしょうか。芋に火が通ったようです。

ル）ココナッツミルク入れるよ!!

ここで最初の鍋にお湯溶きココナッツミルクを投入!!（写真7）

ル）5分くらいかなあ……。火にかけるね。

犬）また煮るんですね……今日待ち時間が長い……。

と言ってフタをする。

ル）ああ！それからね！炒めるヤツ作るよ!!

犬）ああ……いまさらのように別に材料を用意してるよ……ちょっと待って！何がどれくらい!?

ル）タマネギ中くらいを6分の1。みじん切りね。ニンニクのみじん切り小さじ1。マスタードシードが……これくらい。小さじ3分の1？

犬）え……それよりちょっと多くないですか……？そうでもないか。

ル）それからチリパウダー小さじ半分。辛いの好きな人は増やしていいよ。（写真4）

小さめのフライパンを火にかけて……。

ル）サラダ油を大さじ3くらい入れて熱くなったら炒めるよ！（写真8）

炒めるいい音＆例のごとくの刺激臭!!

ル）茶色くなるまで炒めるよ。焦げないように気をつけてね。

犬）ハイハイ。あ、ワリとすぐ茶色くなりますね。

ル）で、これも鍋の中に。

と、フライパンの中身を鍋の中へ!!軽く混ぜてから塩とコショウを足して味を調えます。

ル）ここでレモンを少〜しね。小さじ1くらい。

犬）レモン果汁小さじ1。ルーパーさんは6分の1くらいの果実を絞って入れました。（写真9）

手のひらにカリーをちょいちょいっと取ってひと舐め。

ル）うん。美味しいよ。ハイ手出して。

犬）エ……熱くないですか……。

ル）……。

木ベラに付けたカリーが冷めるのを待ってる。

ル）ハイ。大丈夫。

犬）ありがとうございます。（ひと舐め）あ、すごい！美味しい!!

以上、完成です〜。

7

8

9

ポテトカリーのおさらい

ジャガイモ …… 300g
トマト …… 中くらいのを1/4個
タマネギ …… 中くらいのを1/4個
ニンニク …… みじん切り大さじ山盛り1
ショウガ …… みじん切り大さじ山盛り1
鰹節 …… カタマリを軽く刻んだものを大さじ1
カリーリーブス …… 10〜15枚
青唐辛子 …… 10cmくらいのを1本
塩・コショウ …… 適量
水 …… 400cc

〈スパイス〉
カリーパウダー …… 大さじ山盛り1
ターメリック …… 小さじにすりきり1/4
フェヌグリーク …… 小さじ1/4
シナモン …… 3〜4cmを1本

〈ココナッツミルク〉
ココナッツミルクパウダー …… 大さじ山盛り3
お湯 …… 100cc

〈仕上げ用〉
タマネギ …… 1/6をみじん切りにして用意!!
ニンニク …… みじん切り小さじ1
マスタードシード …… 小さじ1/3
チリパウダー …… 小さじ1/2(お好みで)
サラダ油 …… 大さじ2〜3

レモン汁 …… 大さじ1くらい。果実1/6を絞り入れるといいですよ

スパイスを炒める時は焦がさないように注意!!
イモに火が通るまで焦がさぬよう根気強〜く調理してください♪

スリランカ小紀行

ジェフリー・バワの別荘、展示品の部屋、白黒の市松模様が新鮮に感じる。

「レンズ豆カリー」

今回は「豆料理を教えてほしい」とのリクエストをいただきましたので
まずは基本のレンズ豆のカリーを作ることにしました。

犬）お客さんから「豆料理教えて」ってリクエストもらったよ!!

ル）豆?·豆カリー?

犬）いつもルーパーさんが作ってくれるヒヨコ豆のやつでもいいよ。

ル）あー、アレ、時間かかるね。

犬）そうか……じゃあ別の豆カリーにするか……。

というわけで、リクエストをいただけたおかげですんなりメニューが決定いたしました。で、料理当日……。

犬）ルーパーさーん♪さー作ろー♪

ル）ん、じゃあ豆から……

はかりを用意するルーパーさん。取り出したのはレンズ豆。形がレンズに似てるから?レンズ豆というのだとか。キレイなオレンジ色をしています。それをざらざら〜っとはかりの上に。

ル）……100g?200gがいい?

犬）え……。

ナゼ私に聞くのか。どうやら100じゃ少ないけど200じゃちょっと多いということらしい。

犬）豆カリーセット（レンズ豆が作れる豆とスパイスのセット商品があった）は110gだよ。

ル）いいね!! 200!!（写真1）

今回も行き当たりばったりで始まりました……。

犬）じゃあレンズ豆皮むいてあるヤツを200gね。他は?

ル）えーと、タマネギ。

犬）4分の1?

ル）いや、6分の1くらい……。

と、言いながら刻む。

犬）タマネギ6分の1を……コレ何切りって言うんだろう……みじん切りの1歩手前みたいな……ちょっと細かい、くし切りみたいな、ちょっと太い千切りみたいな感じで刻んでください。

ル）ニンニク!ショウガ!

犬）両方とも小さじすりきり1くらいですかね。

ル）カリーリーブス10枚くらい（数えてくれた!!）。

犬）フェヌグリークは?

ル）小さじ４分の１。あ、青唐辛子も１本ね。

犬）青唐辛子は２㎜感覚くらいの輪切りに!! シナモンは……小指１本分くらいあるね。５㎝くらいかな。

ル）鰹節!! モルジブフィッシュね。10ｇくらい。

この前から〈NOT鰹節!〉〈This is モルジブフィッシュ!〉にこだわるルーパーさん。

犬）１００円消しゴムの半分くらいの大きさのカタマリの鰹節を荒く刻んでください。（写真２）

ル）次、スパイスね。

犬）……トマトは？ いつも入ってるやん？（博多弁で「入ってるでしょ？」の意）

ル）ああ！ トマト！ ６分の１くらい!!

犬）トマト６分の１をダイスカットしてください。

ル）で、次こそスパイスね。

犬）ＯＫ、ＯＫ。

ル）カリーパウダーが小さじ１、ターメリックが小さじ４分の１。（写真３）

犬）それだけ？ あ、カリーパウダーは小さじ山盛り１です。

ル）後からチリパウダーとかココナッツミルクとか……。

前回と同じように後からチリパウダー炒めたりするみたいです。

犬）おーしーえーてーよー。

ル）……（めんどくせえと思ってるっぽい……）いつもは作る時にフライパンやボウルに直接入れてるから）。えーと、ニンニクのみじん切り小さじ２分の１とチリパウダー小さじ２分の１。ココナッツミルクは大さじで４杯。後、お湯ね。

犬）ココナッツミルクは大さじ山盛りで４ですね。

ル）あと塩・コショウ。少々ね。

ル）じゃあ……まず豆洗うね。

流しにボウルに入れた豆を持って行ったルーパーさん。お米洗うみたいにザリザリと豆洗ってます。水が白くにごったら捨ててまた洗うの繰り返し。

犬）どんな風になったらＯＫ？

ル）水が白くならなくなったらＯＫ。（写真４）

そこらへんもお米と同じ感覚らしいです。３、４回洗うとだいたいいい感じ。次に大きめのお鍋にその洗った豆を全部入れて……。

ル）全部入れるよ！（写真５）

犬）は？ え？

いつもながら大胆な調理法……。スパイス、他の材料も全部鍋の中に放り込みました！ 豆、タマネギ、ニンニク、ショウガ、青唐辛子、トマト、鰹節、シナモン、カリーリーブス、カリーパウダー、ターメリック、フェヌグリークが全部一緒に鍋の中。

ル）水入れるね!!

さらにそこに水を追い討ち。

犬）どれくらい……？
ル）こんくらい。（写真6）
と言って鍋を見せてくれる。

犬）豆が隠れて他の材料が軽く浮くくらいだね……。

見るからに怪しい状態です。茶色い水の中にトマトやらカリーリーブスがチラチラ浮いてる……。ぱっと見、ちびっこがままごとで作った泥んこと芝生とかが入った汁物料理にしか見えないんですがコレがおいしいカリーになるんだから驚き。ルーパーさんマジックですよ。
ル）フタして火にかけるねー。
犬）火は強火だねえ。どのくらい？
ル）水がなくなるまで!!
水がなくなるまで……そりゃいったいどういうこった……言葉通りならば鍋焦げ付くじゃん、と思うのですが……。
ル）ん〜〜、だいたい15分とか20分くらいかな〜。
犬）要するに豆に火が通るまでってこと？
ル）そうね。水がなくなるまで。
それがよくわからんのじゃい、と思っていたら隣にいたルーパーさんがいない!!と思ったら向うにヤカンのお湯を取りに行ってました。ココナッツミルクを作る気らしい。ココナッツミルクパウダー山盛り4杯入れたボウルにお湯を……。
ル）100cc？
犬）100じゃないって!!

お湯を量りだすルーパーさん。
ル）……200とちょっとくらい。
犬）じゃあ300ccだね。

お湯をボウルの中に入れて良くかき混ぜてミルクを溶かします。白い液体ができました。

鍋のフタをチラッと開けて中の様子を見るルーパーさん。しゃもじで軽く混ぜて様子を見ます。水気はまだけっこうあるみたいです。しばしぼんやりと鍋の前で待って数分。
ル）行くよー。
水がなくなった!?と、鍋を覗き込むと豆が煮えてかつ水分を含んでふっくらしています。（写真7）
水分が飛んでしまうまで、と言うわけではなく文章で表現するなら「豆が炊けるまで」と言った方が適切かと思われます。水がなくなるまでってこういうことか!!
ル）ミルク入れるね!!
さっき作ったココナッツミルクを一気にジャバー！（写真8）
ル）塩・コショウ入れるね。
くるくる混ぜては味付けして軽く味見してるルーパーさん。

犬）次チリパウダー？
ル）うんそう。
小さいフライパンにオリーブオイルを大さじ2杯。強火でカンカンに熱くして……。
ル）ニンニク入れるね。（写真9）
ニンニクのみじん切りをフライパンに投入!!軽く混ぜるとすぐ色づいてきます。そこで火を止めて……。
ル）チリパウダー入れるね。（写真10）
その中にチリパウダー投入!!軽く混ぜながらいつものように3秒数えて。

ル〉こっちに入れる。（写真11）

ジュワー!!っと音がして赤い香ばしい油が白いお鍋の中に入りました。ぐるぐるっと混ぜて……。

ル〉できたね!!（写真12）

味を見ながら「美味しい」と独り言の自画自賛発言ルーパーさん。ちょっともらったら……。

犬〉あ、おいしい。

以上、完成です～。

この日は世の中は休日でして……。おかげさまでできあがった豆カリーは私が1人で食べちゃいました!! できたてだと豆がまだしっかりしていて、もちろん固くないんだけど柔らかすぎることもなく相変わらずルーパーさんの絶妙の火加減が光ります。お店ではここに大豆を少し加えたり、ほうれん草の葉っぱ部分を加えたりしてお出しすることも。レンズ豆も最近の雑穀ブームのおかげか(?)手に入りやすくなりました。皆様どうぞお試しください!!

レンズ豆カリーのおさらい

レンズ豆 …… 200g
トマト …… 1/6個
タマネギ …… 1/6個
ニンニク ……　みじん切り小さじすりきり1
ショウガ …… みじん切り小さじすりきり1
カリーリーブス …… 10枚
フェヌグリーク …… 小さじ1/4
青唐辛子 …… 1本
シナモン …… 5cmを1本
鰹節 …… 10g
塩・コショウ …… 少々
水 …… レンズ豆が隠れ他の材料が浮いてくる程度

〈スパイス〉
カリーパウダー …… 小さじ山盛り1
ターメリック …… 小さじ1/4

〈ココナッツミルク〉
ココナッツミルクパウダー …… 大さじ山盛り4
お湯 …… 300cc

〈仕上げ用〉
ニンニク（みじん切り） …… 小さじ1/2
チリパウダー …… 小さじ1/2
オリーブオイル …… 大さじ2

ミルクを入れる前に豆を焦がさないよう、よ～く見張っててください

「トマトカリー」

トマトが主な具!! かといってよくありがちなミートソース味?なカリーとは一味違います。

美味しいトマトが手に入った時は生もいいですが、一工夫してこんな料理はいかがでしょう?

ル)4人分作るね! まずトマトを切るよ。

犬)トマトは中〜大くらいの大きさのを1個。十字に切った後、それぞれを横半分の8等分に切ってください。(写真1)

ル)えーと、タマネギは半分の3分の1くらいをみじん切りにするね。それからニンニクとショウガのみじん切り。(写真2)

犬)いつものように大さじ1ずつですね。

ル)あとカリーリーブスを。

犬)え? これ何枚? 20枚くらいですね。

ル)それからシナモン。細めのやつを3㎝くらい。カリーパウダーを大さじ1、ターメリックを大さじ4分の1、フェヌグリークを小さじで4分の1(写真3)、鰹節を……これくらい。

犬)えー、言葉で説明するなら丸のまんまの鰹節の端っこのところを2〜3㎝くらいです。

ル)それを刻んで……これくらいにする。

犬)……言葉で説明するなら限界までつまんで使ってたけどいよいよ小さくなって使えなくなった消しゴムくらいの大きさです……。わかるかな? みじん切りというには若干大きめ。

ル)じゃあいくよ! 鍋を用意して中火にかける! そこに材料&スパイスを全部入れて……あ! グリーンチリ!! 1本入れるよ!(写真4)

ぱっと見ししとうに似た青唐辛子。長さ10㎝ほどのやつをちゃちゃっと3㎜の輪切りにして投入。

ル)軽く混ぜ合わせたら、水70㏄を入れる。フタをして煮込むね。10分くらい。(写真5)

犬)ふんふん。

ル)今のうちにココナッツミルクを用意するよ。(写真6)

犬)ボウルかどんぶりか何か深みのある器を用意して……。

ル)ココナッツミルクパウダーを大さじで山盛り2杯。お湯を70cc入れてよく混ぜて溶かしてね。

犬)お湯の中に粉を入れるとダマができやすいので粉の中にお湯のほうがいいですよ。

ル)で(10分ほど煮込んださっきの)鍋の中にこれを入れる!(写真7)

犬)一気にカリーっぽくなった!

ル)で、塩とコショウで味付け。これはもう好みで。

犬)えー、ルーパーさんは塩3つまみちょいくらい入れてました。(写真8)

ル)で、また今のうちに……。

と言いながら小さいフライパンを用意。強火にかける。

ル)サラダ油を大さじ2くらい入れて……。

ここでヌワラのスタッフ、ヨーコさんの声が乱入!!

ヨ)ルーパーさん!ヌードル大盛り1と普通1〜!

ル)ハイー。

お客さんからの注文が入ったのでここで一時中断です。ヌードルカリーを出し終えた後、改めて料理再開。

犬)えーと、さっきの小さいフライパンに?何炒めるんです?

ル)タマネギとニンニクのみじん切りを大さじ1ずつと……マスタードシードを小さじで2分の1。タマネギとかが茶色っぽくなるまで炒める。

犬)おお、何だかいい香り……。

ル)ここにチリパウダー小さじ1杯を!(写真9)

犬)ぐわッ……ゲホッ……粘膜に染みる……。

ル)焦がさないように軽く混ぜてから、鍋の中に……。(写真10)

犬)フライパンで炒めたものを最初のカリーの鍋の中に一気に投入!

ル)最後にレモンをすこーし。これくらいね。

小さじに半分ほど。いつもよりは少なめこれでできあがり!!

犬)やったー!!時間自体はけっこう短いのにできるんですねえ!

事務所にご飯と一緒にもらって帰ってK村女史と分け合いました。

K村女史)辛い……けどおいしーね

え!!

巷によくあるトマト入りのカレーって「何だか……スパイスのちょっと効いたミートソース」って感じのものがままあるのですが、これはチガウ!!ちゃんとカリー!!

トマトが煮崩れるほどには煮込まれていないのでとても爽やかです。

マスタードシードがプチプチしていて食感も楽しい♪辛さも引くのが早いので気にならない!!

トマトカリーのおさらい

トマト …… 中〜大くらいを1個
タマネギ …… 中くらいを1/6個
ニンニク …… みじん切り大さじ1
ショウガ …… みじん切り大さじ1
カリーリーブス …… 20枚ほど
シナモン …… 3cmを2本(細め)
カリーパウダー …… 大さじ1
ターメリック …… 大さじ1/4
フェヌグリーク …… 小さじ1/4
鰹節 …… 削ってないやつ。丸節の端っこを2〜3cmくらいの量
青唐辛子 …… 10cmくらいを1本
水 …… 70cc
塩 …… 3つまみ強
コショウ …… 適量

〈ココナッツミルク〉
ココナッツミルクパウダー …… 大さじ山盛り2
お湯 …… 70cc

〈仕上げ用〉
サラダ油 …… 大さじ2
タマネギ …… 大さじ1
ニンニク …… 大さじ1
マスタードシード …… 小さじ1/2
チリパウダー …… 小さじ1
レモン汁 …… 小さじ1/2くらい

チリパウダーやニンニク、ショウガは焦がさないように。

「かぼちゃカリー」

秋らしい食材で何か作ろうということでかぼちゃでカリーを作ってみました。

コレ、ホントに美味しかったです!! オススメの一品!!

煮物にするのもいいですけどこういう調理法もアリ!!


犬）今度の金曜日また何か教えてよルーパーさん!!
ル）金曜ね。わかった。
犬）何作る?
ル）わからないね!!
ルーパーさんはいつもこうだ……。

犬）今スーパーで安いやつ……かぼちゃとかは?
ル）かぼちゃカリー?
犬）いいねえ! かぼちゃカリー!!
ル）でも日本で今かぼちゃ食べる?
犬）食べるよ! 日本には12月にかぼちゃ食べる日があるよ(冬至のことです)!!
ル）そう……。
知らなかったっぽい! もう10年以上日本にいるのに!

犬）じゃあかぼちゃ買ってくればいい?
ル）甘いのがいいよ!
犬）……。甘いのね。

外から見てもわからんYO……。

とりあえずスーパーで宮崎産恵比寿かぼちゃを2分の1個購入。当日の朝ルーパーさんに渡し、ランチのお客様が引けた頃にヌワラエリヤの厨房に行きました。

犬）来たよーー。
ル）もう作る??
ちょうど、材料を切って並べているところだったようです。かぼちゃをくるんでいたラップをはがしつつ。
ル）かぼちゃ、これ何gあった?
犬）え、わかんない。1個の半分だよ。
ル）だいたい500gくらいあればいいんだけど……。
量りにのせてみると700gちょいあった!!

犬）種とって皮むいたら500gくらいにならんかね?
ル）皮はそのまんまね。種のところ

だけとるよ。

犬)あ、そうなんだ。

種のところを捨てて量りにのせると……。

犬)693gあるよ……?

ル)まぁいいね! ホントは500gくらいでいいよ。

すみません……。今回もアバウトです……。

そのかぼちゃを皮はとらないまま切っていきます。(写真2)

ル)コレ、何切りって言うのかな?

犬)名前とかないんじゃ……。

フツーに一口よりちょっと大きいくらいの四角い形に切っていってます。

ル)英語とかならスクエアカットとかいうのに。

犬)日本語でなんて説明すりゃいいんだろ……。消しゴム2個分?石鹸4分の1?それくらいの大きさだよね?

ル)そうねえ。

犬)タマネギみじん切り……。コレどれくらい?

ル)4分の1個。

犬)ニンニクとショウガ(いつものごとく細かーいみじん切りです)はコレ大さじ1かな?

ル)そうね。

犬)はっぱ(カリーリーブスです)は……20枚くらいやね。フェヌグリークは?

ル)小さじ2分の1。それから青唐辛子1本ね。

と、冷蔵庫から青唐辛子を1本出してきていつものごとく2、3㎜の輪切りに。

犬)シナモンは〜〜……これは……小指の第2関節くらいまで……。

スティック状のものを4㎝ほど。1本です。

ル)鰹節!! モルジブフィッシュって書くといいね!!

突然なんなの……。実際今回使ってるのは鰹節なんですが本当はモルジブフィッシュを使うんだよと言いたいのでしょう。モルジブフィッシュ=スリランカの鰹節。

犬)で?これどれくらい……?

目の前には荒く刻まれた状態のモルジブフィッシュ……じゃなくて鰹節。(写真1)

ル)刻んで……大さじ1くらい……。

犬)マアだいたいそれくらいやね。

次はスパイス。

ル)カリーパウダーが……小さじ1。ターメリックはこれくらい。小さじ4分の1ね。

犬)コレだけ?

ル)後で別にニンニクとマスタード種とチリパウダー炒めるけど……。

犬)それどれくらいよ?

後で炒める時に直接フライパンに投げ込むつもりだったっぽい……。

犬)お皿に出して出して!

ル)えーとチリパウダーが小さじ2分の1……マスタードシード小さじ2分の1……。

犬)ニンニクみじん切りは?

ル)小さじ1。あと炒め油〜。

犬)オリーブオイルか。あ、ご家庭ではサラダ油でOKです。(写真3)

ル)あとは塩・コショウとココナッツミルクとお湯ね。

犬)ああ、後でまた作るんやね。ココ

2

3

4

ナッツミルク(パウダー)はどれくらい?
ル)大さじに3。
犬)大さじ山盛り3ですね。お湯は?
ル)100cc。
犬)コレで全部?
ル)あ、塩・コショウは少々ね。
犬)よし。じゃあ作ろうか。

材料を全部並べてしまってから早速作り始めます。
ル)あのね。全部鍋に入れるね。(写真5)
おもむろに大きめの鍋にかぼちゃ、タマネギ、ニンニク、ショウガ、青唐辛子、カリーパウダー、ターメリック、フェヌグリーク、シナモン、カリーリーブス、鰹節をまとめて投入。

犬)えええええーーーいきなり全部入れるの?
ル)うんそう。
と言いながら鍋を火にかけます。火加減はけっこう強め。さらに間髪いれずに……
ル)水も入れるね。
犬)えー?どれくらい?
ル)100cc……?
犬)100ccね。

それを鍋に注ぎます。木ベラで軽く混ぜてスパイスがまんべんなく混ざった状態に。
ル)フタするよ~。かぼちゃに火が通るまで。
犬)かぼちゃに火が通るまでフタして煮るそうです。

いきなりほぼ全部の材料を鍋に入れ、上から水カップ1杯分かけて煮ています……。いつもながら大胆な調理法だ……。(写真6)
ル)だいたい10分とか15分くらいね。
と言いながらお湯の沸いてるヤカンを取りに行くルーパーさん。

犬)ココナッツミルク作るんやね。
ル)ココナッツミルクは大さじ3。お湯はコレくらい。100cc……?
犬)いや、それ絶対200ccくらいあるって。
ル)200ccね。(写真4)
小さなボウルにココナッツミルクパウダーを入れて上からお湯200cc。泡立て器で混ぜて溶かします。コレでココナッツミルクの完成。

犬)かぼちゃ煮えるまでヒマやね……。
ル)そうね……。
フタを開けて鍋の中をチラチラ見ては焦げたりしてないかそろそろ煮えたか確認しつつ。20分ほど経ったでしょうか。最終的に火が通ればいいのでこの時点で8~9割火が通っている状態が好ましいようです。

ちょっとかぼちゃを煮ながら無駄話。
ル)日本のカレーって煮るよね~。
犬)煮るね。3日とか1週間とか煮るところもあるね。
ル)スリランカのはそんな煮ないよ。
犬)つーかさ、豆腐の時も冬瓜の時も思ったけどルーパーさんの火の通し方ちょうどいいよね!! ちゃんと味も染みてて煮えてるんだけど柔らか過ぎないっていうか素材の味がちゃんと残ってるっていうか……。
ル)それはホラ、経験だから。
自画自賛かよ。イヤ、でもその通

5

6

7

り!!

犬）そうだよねぇ〜……。

さて、かぼちゃに火が通った模様です。竹串刺して確認してから……。

ル）ココナッツミルク入れるね。

さっき作った白い液体を全部鍋に入れます。（写真7）

ル）塩・コショウ。

犬）ココで味付けるのね。

ちょっと味見して塩を少し足してます。

ル）次、チリパウダー炒めるよ!!

お鍋の火を弱火にして、フライパンを用意。火にかけてオリーブオイルを入れます。

ル）オリーブオイル大さじ2杯ね。

火は当然強火。カンカンに熱くなったところで……。

ル）マスタード種!!

マスタードシードをフライパンに投入!! パチパチ言ってます!! どうでもいいけど何でマスタードシードのことを「ますたーどたね」って言うんだろうなあ……ルーパーさん……。

犬）次はニンニク?

ル）ニンニク。入れるよ〜

ニンニクみじん切りを投入!! じゅわーっと激しい音がして、いよいよ爆ぜてます!! 木ベラで軽〜く混ぜて……（写真8）

ル）ニンニクの色が変わったところで……。

火を止めてチリパウダー投入!! そしてすぐにフライパンの中身を鍋へ投入!!

犬）ええーー! えらい早かったよねぇ!

チリ入れてすぐだった!

ル）だってチリすぐ焦げるから。

フライパンにチリパウダー投入→木ベラで混ぜながら3秒数える→鍋にGO!!（写真9）

ル）はい完成。

と言いながら鍋の中を軽くかき混ぜるルーパーさん。かぼちゃなんて我々の感覚ではコトコト長時間かけて煮るものなのですが今回も30分かかってません。味見しながら、

ル）美味しいよ!!

犬）早いよねぇ……。

犬）完成?

ル）うん。持って帰る?ご飯いる?

犬）持って帰る!! ご飯はある!!

以上、完成です〜。

いつものように事務所に持って帰ってオーナーとK村女史と分けて食べました。

旨いよーー!! もちろんスパイス効いてるのですがかぼちゃとココナッツミルクの甘みで辛さは全然控えめ。我々がよく知るかぼちゃ料理の味とはまた違った美味しさ!! 個人的にオススメメニューです。ええ!! それでもK村女史は「私は辛かったけどね。でも美味しーーー♪」だそうです。

8

9

かぼちゃカリーのおさらい

かぼちゃ …… 500g。量るのめんどくさかったら中くらいのを1/2個
タマネギ …… 1/4個
ニンニク …… みじん切り大さじ1
ショウガ …… みじん切り大さじ1
カリーリーブス …… 20枚
フェヌグリーク …… 小さじ1/2
青唐辛子 …… 1本
シナモン …… 4cmを1本
鰹節 …… 大さじ1
水 …… 100cc
塩・コショウ …… 少々

〈スパイス〉
カリーパウダー …… 小さじ山盛り1
ターメリック …… 小さじ1/4

〈ココナッツミルク〉
ココナッツミルクパウダー …… 大さじ山盛り3
お湯 …… 200cc

〈仕上げ用〉
チリパウダー …… 小さじ1/2
マスタードシード …… 小さじ1/2
ニンニク …… 小さじ1
オリーブオイル …… 大さじ2

長く煮込まなくても大丈夫!! 鍋にはフタして!!

スリランカ小紀行

南の海岸線に設えられたジェフリー・バワ設計のライトハウスホテル。そこで働いて女性スタッフの健康的な褐色の肌にマッチしてるユニフォーム、カラーリングがとてもよく彼女たちの動きにエレガントさを醸している。

「冬瓜カリー」

今回は季節モノ。冬瓜でカリー!! スーパーでも売ってるのを見かけるあのでっかいヤツ!!

「え、あんなのでカリーができるの!?」とお思いの方もいらっしゃることでしょう。

で・き・る・ん・で・す。ルーパーさんに不可能はない!!

料理教室取材日の1週間ほど前……。オーナーが突然話を振ってきました。


オーナー）今月何作るの?

犬）まだ決まってないけど……。
オ）じゃあ冬瓜のカリー作ったら?
冬瓜ヌワラに置いとくから。

どこかで冬瓜のでかいのを仕入れてきたらしい……。これで今月のメニューは決定です。そして1週間後。

犬）さあさあ!! 作りましょうか!!

冬瓜は?
ル）あー、コレね。
すでに元の大きさの4分の1にカットされてるものが出てきました。

犬）4分の1ですか。何gくらい?
ル）500gくらいかな……。あのねこれすごくいっぱいできるよ。
犬）うーん、まあしょうがないですよ。アバウトさがこの料理教室のウリだから。
ル）分量半分で作ったら半分の量になるよ!!
犬）うんうん。それでいいよ。少ないよりマシだって。

適・当・で・す・み・ま・せ・ん……。
ル）冬瓜切るよ~。
と、ザックザック切ってます。

犬）一口大よりちょっと大きめに切ってください。えーっと……石鹸の3分の1くらいの大きさ!（写真1）
ル）次、タマネギね。4分の1!! スライスして。
犬）中くらいのタマネギを4分の1。みじん切りじゃなくてスライスです!!
ル）グリーンチリ!! 2本!!
犬）青唐辛子。韓国料理食材店とかに売ってあるヤツ、10㎝程度の長さのものを2本。細かい輪切りにしてください。
ル）トマトを4分の1。
と言いながら細かく刻む。

犬）トマト、わりと大きめのヤツを

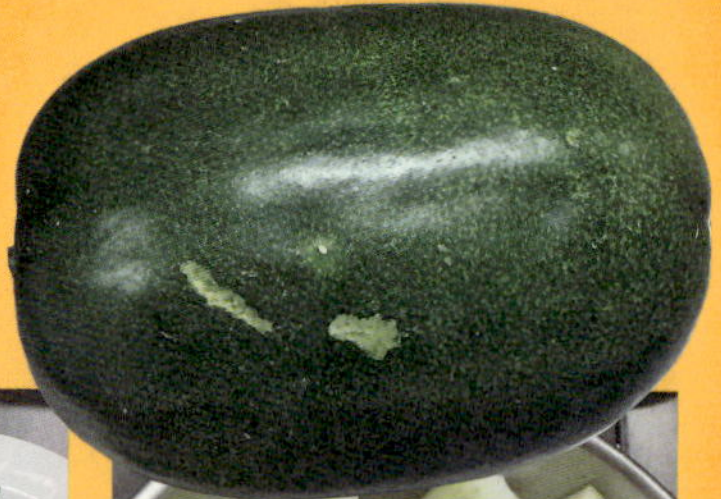

1

2

3

4分の1です。いつものごとく刻んでください。

ル）カリーリーブスね!!

と、収納容器から適当につまみ出す。

犬）あ!ちょっと待って!! 何枚……。20枚くらいですね?

ル）フェヌグリーク、コレくらい……。小さじ1杯かな。

犬）うん、そうですね。

ル）これが、シナモン。

犬）んん……?3㎝くらいのスティックを2本ですね。

ル）次、鰹節ね。10gくらい……かな。

と言いながらカタマリから必要な分だけゴリッと削りだしてます。

犬）そして……またトースターの中に入れとくんですね……。

ル）そうね（ニヤリ笑い）。それからニンニクとショウガのみじん切り。

犬）それぞれ小さじ1ずつ……ですね?

ル）そうね。コレが材料。（写真2）じゃあはじめるよ～まず全部鍋に入れるね。

犬）は!?全部!?

ル）そう。全部。

今揃えた材料を全部まとめて大きめの鍋に投入しました。（写真3）

犬）展開早ッ!

ル）そこにスパイスを入れるよ～。まずターメリックをコレくらい……小さじに半分?

犬）ターメリック小さじ2分の1ですね。

ル）カリーパウダーが3杯!!

犬）カリーパウダー小さじで山盛り3杯。

ル）後、塩とコショウを少々。（写真4）

犬）少々というよりはちょっと多め……ですね……。

怪しげな様相を呈している鍋の中ですが、そこにさらに追い討ち!

ル）ここに水を400cc入れてボイルね!!

犬）いきなりここに水!!

ル）うん、そう。

じょばーっと量った水を注いでコンロへ!! 強火です!!（写真5）

犬）どんくらい煮るの?

ル）15分くらいかな……。今の間にココナッツミルクね!!

おもむろにボウルを用意!!

ル）ココナッツミルク大さじ5杯くらい。
犬）ココナッツミルクパウダーを大さじ山盛り5杯だそうです。
ル）ここにお湯ね。３００ccくらい!!
別に沸かしてたやかんのお湯を注ぎ、よーくまぜてココナッツミルク完成。

犬）で、15分経つまで待つんですね……。

鍋の前で約15分。時々混ぜて冬瓜への火の通り具合を確認するルーパーさん。ちょうどいいタイミングになったところ　で……。（写真6）
ル）ココナッツミルク入れるよ〜。
犬）ハイハイ。

一気に投入!! 鍋の中が白濁します。
ル）ボコボコってなるまで混ぜながらボイルね!!（写真7）
犬）……一度沸騰するまで混ぜて様子を見ながら強火で煮ろってことのようです。
ル）後から入れるスパイス作るよ!!
犬）わ!! ハイハイ!!

フライパンを出してコンロにかけて

ル）サラダ油大さじ……3……?5……?
犬）……適当なんですね……。じゃあ間を取って4くらいってことで。

フライパンと油を温めてる間に。
ル）マスタード種これくらい。小さじ1?
犬）マスタードシードを小さじ1ですね。
ル）タマネギのみじん切りを大さじで1くらい。
犬）とか言いながら今刻むんですね……。
ル）それとニンニクのみじん切り小さじ1。
犬）ショウガは?
ル）ショウガはいらないね。
犬）あ、そうなんだ。
ル）あとカリーリーブス……15枚くらい。
フライパンがすでに火にかかってますから大急ぎ!!
ル）まず種を炒めるよ!!
フライパンにマスタードシードをまず投入!! パチパチジュワーって音がしてます!
ル）残りを全部入れるよ!!
タマネギ、ニンニクその他大勢を続いて投入!!
ル）焦げないように混ぜて……チリパウダー!!
犬）どれくらい!?
ル）小さじ1ね。
犬）山盛りですね!!
ル）うん!!（写真8）
ここでいつもの刺激臭発生!! ご家庭で作る時は窓全開換気扇フルドライブで! 手早く混ぜたフライパンの中身を……。
ル）鍋の方に入れるよ!!（写真9）
すでに一煮立ちさせてコンロから下ろしていた鍋の方に一気に投入!! ジュワーっと音が上がります!! 香ばしいスパイスの香りも!! 軽く混ぜて味見して。
ル）もうちょっと塩・コショウね。
犬）ふんふん。
ル）はい。できたよ〜。味見してみて。
手にのせようとする!!

犬）ちょっと待って!! 熱い!! 熱

い!!

最後に味見&塩加減をお忘れなく!! 以上、完成です~。

たくさんできたので(5~6人分くらいはあった……)、すこーしだけもらって事務所に帰り、K村女史と分けて食べてみました。

やわらかすぎずかたすぎず、絶妙な煮込み具合の冬瓜がカリースープの旨みを吸って口に入れるとじゅわ~っと……!! 本当に美味しい!! 冬瓜は今の時期なら手に入りやすいかと!! ぜひ挑戦してみてください!!

冬瓜カリーのおさらい

冬瓜 …… でっかいのを1/4。皮はむいて種やワタは取ってくださいね
トマト …… 1/4個
タマネギ …… 中くらいを1/4個
ニンニク …… みじん切り小さじ1
ショウガ …… みじん切り小さじ1
青唐辛子 …… 10cmくらいのを2本
カリーリーブス …… 20枚
フェヌグリーク …… 小さじ1
シナモン …… 3cmを2本
鰹節 …… 10gくらい。カタマリを軽く刻んだもの
シナモン …… スティック3cmを2本
塩・コショウ …… 少々
水 …… 400cc

〈スパイス〉
ターメリック …… 小さじ1/2
カリーパウダー …… 小さじ山盛り3

〈ココナッツミルク〉
ココナッツミルクパウダー …… 大さじ山盛り5
お湯 …… 300cc

〈仕上げ用〉
サラダ油 …… 大さじ4
マスタードシード …… 小さじ1
タマネギ …… みじん切り大さじ1
ニンニク …… みじん切り小さじ1
カリーリーブス …… 15枚
チリパウダー …… 小さじ山盛り1

材料がいつになく多いです……。
これだと大量にできるので
半分の量で作ることをお勧めいたしますよ……

スリランカ小紀行

ヌワラエリヤには150年の歴史を持つセントアンドリュースゴルフ場がある。その中ほどに右から左に抜ける獣道のような生活道路があり付近の住民がよく歩いている。球を打とうとするとキャディーが声をかけ、ぴたりと歩みを止める不思議な光景。ちなみにキャディーは老人が多くほとんどがシングルプレイヤーとのことだった。

「白菜カリー」

今回は前回の流れで白菜とジャガイモのカリーを作ります。
この時期、白菜はお安く手に入りますのでゼヒゼヒ！皆様にチャレンジしていただきたい!!
前回「次回は白菜ね！」と決めていたので今回は何がいいのなんのと悩まなくて済みます！
ルーパーさんが覚えてるかどうか確認して念を押すためにヌワラエリヤの厨房にGO！

犬）ルーパーさん！明日白菜だよ！
ル）明日ね
犬）忙しい？
ル）大丈夫ね。いいよ。
犬）白菜買って来たほうがいい？
ル）いや、ある。
犬）じゃあ買ってこなくていいね。

大丈夫なようです。それで翌々日、お昼もだいぶ過ぎた頃にヌワラエリヤに取材に行きました。

犬）ルーパーさーん！来たよーー！
ル）……！まだ準備してない！

その日はおかげさまでランチのお客様がいつになく多くて忙しかったようでいつもなら、すでに刻んで並べられている材料が今日はまだ手付かずでした……。というわけで材料を刻むところから始まります。

ル）まず白菜ね。

4分の1の白菜を取り出して芯のところをカットするルーパーさん。横に向けてさらに2スジほど深い切れ目を縦方向に入れます。その後、横に縦にざくざく3～4cm幅に切ると……。

切れ目のおかげで日本人にはおなじみ鍋料理に入ってる白菜よりちょっと小さめの白菜の山ができました。

犬）おお、何か今日はいっぱいできるね！
ル）いや、それほどでもないよ。
犬）煮たらかさが減る？
ル）そうね。

続いて大きなジャガイモを2個取り出したルーパーさん。

犬）ジャガイモ2個？
ル）だいたい300gくらいかな。（写真4）

ジャガイモの皮をむいて一口よりちょっと大きいくらいに切ります。

犬）いつものポテトカリーよりは小

さめね。
ル)そうね。
次はタマネギ。
犬)タマネギ4分の1?
ル)そうね。
タマネギは今回みじん切りじゃなく薄いいちょう切りです。
ル)グリーンチリ1本ね。
軽く斜め切りにしていくルーパーさん。と、1切れだけやたら大きいのが……。
犬)ルーパーさん!コレだけ大きい!! K村さんがこの部分食ったら泣く!!
ル)大丈夫よ〜。
笑いながら大きい一切れを半分に切ってくれました♪ルーパーさんありがとう。
ル)カリーリーブスね。
ルーパーさんがつまんで出したのを数えたらだいたい20枚くらい。
犬)カリーリーブス20枚ね。
ル)うん。でー……鰹節!
ルーパーさん、鰹節を砕いたもの(削り節じゃないよ!!)を出してきた。
犬)どれくらい?
ル)大さじで2くらいだそうです。
ル)フェヌグリーク
犬)どれくらい?
ル)2分の1かな
犬)小さじ?
ル)小さじ。
ル)ニンニクとショウガが、小さじ1ずつね。
ニンニクのみじん切りとショウガのみじん切り、どちらも小さじにもりっと1杯です(写真1)。

犬)トマトは〜?
ル)いれるよーー。半分ね。
犬)トマト2分の1、と。
もちろん細かく刻んでください。
ル)シナモン入れるねー
スティック状のシナモンをポキッと折ってお皿に並べるルーパーさん。長さはだいたい3cmほどでしょうか。
ル)後、スパイスね。カリーパウダー小さじ1とターメリック小さじに半分。(写真2)
犬)チリパウダーは入れない?
ル)後からフライパンで。(写真3)
犬)ああ、いつものアレね。
ル)後、塩・コショウ。
犬)塩・コショウは適量ってヤツね。
コレで材料は出揃いました。
ル)まず白菜以外を全部鍋に入れるね!
いつもよりでかくて深い鍋を持ってきたルーパーさん。ジャガイモをゴロンゴロンと鍋に入れたあと、本当に白菜以外の材料スパイスをどばーーっとその上に入れちゃいました。(写真5)
ル)水入れるよー。

犬）え？え？どれくらい？？

ル）イモがちょっと見えるくらいね。

水面からちょこっとジャガイモが見えてます。材料がひたひたに浸かるくらいですね。（写真6）

ル）で、ボイルするね。

鍋を強火にかけます。フタをして……。

ル）ちょっと煮るね。

犬）どれくらい？

ル）5分くらいかな。

犬）芋が煮えるまで？

ル）いや、そんなに煮ない。

5分くらい、ジャガイモにはこの時点では完全に火が通らなくてもいいそうです。で、本当に5分ほど経ったところで（写真7）

ル）白菜入れるね。

犬）おお、ここで入れるのね。

もさーーーーっと白菜を全部投入。

けっこうな量があるように見えます。（写真8）

ル）ポテトがやわらかくなるまでボイルね。

犬）フタは～？

ル）するする。

フタをして今度こそジャガイモに火が通るまで煮るようです。火は中火くらい。

ル）ココナッツミルク作るよ。

犬）おう！

小さいボウルにココナッツミルクパウダーを……。

ル）大さじ4ね！

大さじ山盛り4杯入れて、やかんのお湯を注ぎ泡立て器で混ぜて溶かします。

ル）100ccも入れないね。70ccくらいかな。

犬）白菜から水が出るからね。

ル）そうね。

ココナッツミルクの用意もできたのでジャガイモが煮えるまでしばし待ちます。フタを開けてジャガイモに串を刺したりして確認してくださいね。で、芋が煮えたところで……。

ル）ココナッツミルク入れるね！

犬）ハイハイ。

鍋の火は弱火にしてココナッツミルクを投入します。（写真9）

もうフタはしない！

初めはもさーーっといっぱいあった白菜のかさが減ってちゃんとカリーになっていますよ!!

ル）チリパウダー炒めるね。

犬）おお！来たね！

小さなフライパンに炒め用のオリーブオイルを大さじ2杯。強火にかけて熱々に熱したところで

ル）マスタードね。

犬）どのくらい？

ル）小さじ半分。

熱々のフライパンにマスタードシードを小さじ2分の1入れます。シュワーーーーっと音が立って心なしか香ばしい香りが……。

ル）ニンニクも小さじ半分入れるね。

そこにさらにニンニクのみじん切りを小さじ2分の1追加。木ベラで混ぜながら手早く炒めるルーパーさん。

ル）チリパウダー入れるよ！（写真10）

フライパンの火は止めて、チリパウダーを小さじ2分の1投入します。木ベラでちゃちゃっと混ぜて（ほん

7

8

9

の2、3秒！チリパウダーは焦げやすい！）

ル）鍋に入れるよ！

犬）どうぞ！

白菜カリーの鍋に赤くて刺激臭を放つフライパンの中身を一気に投入！ジュワーーー!!言ってます。

ル）味見て塩とか足すね。

軽く混ぜて、味見してから塩気を足して

ル）できたよ！（写真11）

犬）ばんざーーい！ありがとうございます！

何だかんだでいつもよりはかなり多めにできました。あまり辛くなさそうだしK村さんも大丈夫そう。

以上、完成です～。

お弁当箱にいっぱい詰めてもらったのでこぼさないように大事に事務所に持って帰ってK村さんと試食。

美味しいです。ココナッツミルクを使った白菜のクリーム煮にノリが近いのかな……。いやいや。しっかりカリーです。ちゃんと辛くてスパイスが効いてて。冬のこの時期にぴったりの体が温まるメニューです!!

「辛かったけどコレなら大丈夫」とK村女史。

K村さんが大丈夫ならコレを読んでる皆様はきっと大丈夫！白菜が安いこの時期に一度チャレンジしてみてくださいませ。

白菜カリーのおさらい

白菜 …… 1/4個
ジャガイモ …… 中2個
トマト …… 1/2個
タマネギ …… 1/4個
ニンニク …… みじん切り山盛り小さじ1
ショウガ …… みじん切り山盛り小さじ1
青唐辛子 …… 1本
カリーリーブス …… 20枚ほど
鰹節 …… 大さじ2
フェヌグリーク …… 小さじ1/2
シナモン …… 3cmを1本
塩・コショウ …… 適量
水 …… 適量

〈スパイス〉
カリーパウダー …… 小さじ1
ターメリック …… 小さじ1/2

〈ココナッツミルク〉
ココナッツミルク …… 大さじ山盛り4
お湯 …… 70cc

〈仕上げ用〉
オリーブオイル …… 大さじ2
マスタードシード …… 小さじ1/2
ニンニク…… みじん切り小さじ1/2
チリパウダー …… 小さじ1/2

白菜から水分が出るので投入する水やお湯はいつもより少なめに！

「オクラカリー」

なんとオクラでカリーができるのですよーー！♪この時期（メルマガ掲載時期8月）スーパーに安く並んでいますので皆さんもレッツトライ！

取材の一週間前にヌワラエリヤの厨房に行ってルーパーさんにお願いします。

犬）ルーパーさん、また何かいつもみたいに教えてーー。金曜日。

ル）うん。いいよ。

犬）またなんか勝手に買ってきていい？

ル）いいよー。

あっさり決まったんですが……。

スケジュールどおりにコトは運びませんでした。取材前日にスーパーに行ってイロイロ食材を物色したのですがこの暑さ!! 肉や魚は持って行くまでに傷みそうです。

野菜売り場でイロイロ物色。安いからという理由でもやし、グリーンアスパラ、オクラを購入してみました。

犬）ルーパーさん！コレ買ってきた！

ル）なに？

犬）もやしとアスパラとオクラ。

ル）ふーーん。アスパラ炒めると美味しいね。オクラはカリーできるよ。

犬）え、ホントに？

家庭料理の会でたまに作ってる……というのを聞いたことはあるのですが実物を見たことも食べたこともありません！あんまり聞きませんよね。オクラがメインの具のカリーとか。

犬）オクラカリー、聞いたことはあるけど見たことない！

ル）じゃあこれでカリー作ろうね。

メニューは決定！だがしかし……。

ル）今から？今からちょっと忙しいね。

スケジュール立て込んでていつの間にやらもう夕方になっちゃったのでした……。

犬）あー、遅くなっちゃったねえ。それじゃ何時がいいかなあ？月曜日は？

ル）月曜日ね。いいよ。

日を改めて作ることにしました。で、その月曜日。カメラ持って再びヌワラエリヤの厨房へ。

犬）ルーパーさん！来たよーー。オクラ作ろう！

ル）いいよーー。

ルーパーさん、金曜日に持ってきたオクラ2パックを冷蔵庫から出してきました。

ル）まずね。塩するね。

大きめのバットを持って来たルーパーさん、オクラをそこに出すと多めの塩をばっと振りかけてゴロゴロ混ぜ混ぜし始めました。

犬）何してんの？

ル）あ、コレでね、オクラの外のね……。

犬）あ、毛取るのね？

ル）そう！そうね。

オクラの表面の毛を取るために塩振って軽くマッサージしてるのでした。それが終わったらオクラは水洗い。塩や毛を洗い流してください。

ル）じゃあ切るね。

1本のオクラをヘタと尻尾の部分を切り落としてから斜めに真っ二つ！にしていきます。オクラを全部切ってしまったら……。（写真4）

ル）次、他の材料ね。まずタマネギーー。

犬）どのくらい？

ル）タマネギ4分の1ね。

4分の1個を軽く薄めにスライス。青唐辛子も1本冷蔵庫から出てきました。

犬）グリーンチリ1本？

ル）うんそう。

コレも手早く斜めに刻んでしまいます。

ル）ニンニクとショウガね。

いつものごとくみじん切りにしたニンニクとショウガです。

犬）どれくらい？大さじ？小さじ？

ル）大さじ1ずつね。

ニンニクのみじん切りとショウガのみじん切り大さじ1ずつです。

ル）シナモンはコレくらい。

スティック状のもの3㎝を1本です。

ル）フェヌグリークも入れるねー。

犬）どれくらい??

ル）コレくらい（すくったのを見せながら）。小さじ半分？

犬）フェヌグリーク小さじ2分の1ね。

ル）それから鰹節も。

犬）鰹節はどのくらい？

ル）大さじ1ね！

削った奴とかじゃなく、塊を細かく砕いた状態の鰹節を大さじ1。

犬）ルーパーさん、トマトは？

ル）入れる入れる。トマト4分の1ね。小さいトマトだったら半分でもいいよ。

トマトも細かくスライスしてください。

ル）カリーリーブスね。10枚くらい？

犬）1、2、3……。そうね、10枚くらいね。

カリーリーブス10枚です。（写真1）

ル）後はスパイスだけど……。全部一緒に炒めるから……出す？（写真2）

犬）？？また全部混ぜるの？

ル）炒めるね。

……。要するにすべての材料を一気に鍋の中で炒めて作るのでスパイスをいちいち皿に出して見せるのが面倒だ、直に鍋に投げ込んじゃダメ？と言いたいらしい。

犬）ちゃんと出して見せてよーー。写真取るから。

ル）わかった。……。カリーパウダーは小さじ1ね。あとターメリック小さじ半分。

犬）チリパウダーは入れないの？

ル）入れるよ。炒める時ね。

やっぱりはしょる気です（苦笑）。

ル）じゃあ作るよ。全部一緒に炒めるからね！早いよ！

犬）？？？？？

何がどう早いというのか……と思っていたら今回メモするのも追いつけないほどのスピードクッキングでした。まずちょっと大きめの片手鍋を火にかけたルーパーさん。炒め用のオリーブオイルをお鍋の中に大さじ2杯ほど投入。火は弱火です。

ル）マスタード入れるね。

早速さっきお皿に出すのを端折ったスパイス……マスタードシードを入れるらしい。

犬）マスタードどれくらいよ？

ル）小さじ4分の1ね。

と言いながらお鍋の中に入れます。プチプチ爆ぜるマスタードシード。ほんの数秒火を通したところで……。

ル）オクラ以外入れるよーー。

その中にオクラ以外のすべての材料、タマネギ、トマト、青唐辛子シナモン、ニンニク、ショウガ、鰹節、カリーリーブス、フェヌグリーク、カリーパウダー、ターメリックを投入しました！いつもながら豪快だ！（写真5）

ル）炒めるねーー。

木ベラで混ぜて、全体にカリーパウダーとターメリックが絡んだところで（ほんの数分です）

ル）チリパウダー入れるね。（写真6）

犬）チリパウダーどのくらいよ？

ル）小さじ4分の1くらい？もっと辛くする？

犬）いやそれはK村さんが泣くから。

ル）じゃあ4分の1で。

お鍋の中にチリパウダー小さじ4分の1を投入。手早く混ぜます。粉末スパイスはすぐ焦げ付くので注意！

ル）オクラ入れるね！

ココでオクラ投入。コレも手早く混ぜて……。（写真7）

ル）ちょっと水入れて、煮るね。5分くらい。

犬）水どのくらい？

ル）ちょっとね。コレくらい。

お玉に2杯くらい？水を入れたらすぐにフタをします。（写真8）

ル）次、ココナッツミルク！

ボウルを出してきたルーパーさん。ココナッツミルクパウダーを用意してきました。

犬）どれくら入れるの？

ル）大さじ3ね

大さじで山盛り3杯のココナッツミルクパウダーをボウルに入れてからそこにお湯を注ぎます。（写真3）

犬）お湯はどれくらい？

ル）50ccくらいね。

犬）お、今回お湯少なめ。

泡立て器でくるくる混ぜてキレイに溶かしますよ！そして鍋に戻り

7

8

9

ます。ちょこっとフタとって中を覗いてみたりしながら煮ています。

ル）塩・コショウするね。

ココでちょっと味付け。

ル）オクラあんまり煮ないね。

犬）ああ、すぐ火通るもんねえ。

ル）そうね。

煮すぎると素材の風味が飛んでしまいますからね。

煮えるのを待つ間ちょっと時間があったので気になったことを聞いてみました。

犬）ねえ。スリランカにオクラってある？

ル）あるよ。でももっと大きい。

犬）でかいの!? どんくらい？

ル）んーーこのくらい……（手で大きさの幅を作ってみる）？

犬）人参くらいあるやん！！

どうやらスリランカのポピュラーなオクラはでっかいようです。

ル）もういいよ。ミルク入れるよ。

オクラはキレイな緑色です。ちょうどいい煮え具合！そこに一気にココナッツミルクを入れます。（写真9）

ル）ちょっと火強くするねーー煮えたら火を小さくするよ。

ココナッツミルクを入れたらちょっと火を強くして、沸騰したら弱火、ということのようです。

犬）弱くした後どれくらい煮るの？

ル）5分くらい？

と言ってる間にお鍋の方が沸騰してきたので火を小さくします。ルーパーさんここでちょっと味見してから……。

ル）塩足すねーー。

ちょこっと塩を足して味を調えてから……。

ル）レモンね！

いつものごとく6分の1ほどに切ったレモンをお鍋に直接絞り入れます。

ル）はい！できたよーー（写真10）。

オクラの緑はきれいなまんま！スープはうっすらターメリックの黄色！とてもおいしそうですよ。そして物凄い勢いで完成しました……。

というわけで完成です!!

お弁当箱に入れてもらって事務所で毎度のごとく私とK村女史の2人で試食。

辛さは控えめといいつつ、やはりしっかりとぴりりとした刺激があります。美味しい……。旬のお手頃な夏野菜を美味しくいただけるスピードレシピですのでかなりオススメです！

オクラカリーのおさらい

オクラ …… 2ネットくらい
トマト …… 1/4個
タマネギ …… 1/4個
ニンニク …… みじん切り大さじ1
ショウガ …… みじん切り大さじ1
青唐辛子 …… 1本
シナモン …… 3cmを1本
フェヌグリーク …… 小さじ1/2
カリーリーブス …… 10枚
鰹節 …… 大さじ1
オリーブオイル …… 大さじ2
水 …… お玉2杯（100ccほど）

〈スパイス〉
カリーパウダー …… 小さじ1
ターメリック …… 小さじ1/2
マスタードシード …… 小さじ1/4
チリパウダー …… 小さじ1/4

〈ココナッツミルク〉
ココナッツミルクパウダー …… 大さじ山盛り3
お湯 …… 50cc

塩・コショウ …… 適量
レモン …… 1/6個

オクラは煮込み過ぎないように！

10

「カリフラワーカリー」

今回はカリフラワー！いや、たまたまスーパーで目に付いたので……。
スリランカカリーをご存じない方には意外かも知れませんがカリフラワーも
カリーになるんですよ♪取材の5日前にヌワラエリヤの厨房に行きました。

犬）ルーパーさん、金曜日にまた何か作ってーーー教えてーーー？
ル）金曜日？
犬）何かある？忙しい？
ル）いや大丈夫。
犬）また何か買ってきていい？
ル）いいよ。なんか安いのね。
お許しが出たので食材は今回も私が勝手に選びます！取材前日の夜にスーパーに行って、安くて今までに使ったことのない食材を探しました。

カレイ（唐揚げ、煮付け用）、シイタケ、エノキ、シメジ、エリンギのきのこ4種、カリフラワー。これだけあれば何か選んでくれるだろう。

ということで翌日購入した物をヌワラエリヤに持ち込んでみました。

犬）あのね。カリフラワーのでっかいのがあったの。それからきのこね。シメジ炒めたことはあるけど4種類まとめて使ったことないよね。あとね、これカレイ。
ル）カレイ？
犬）うん。唐揚げとか煮たりとかする。
ル）きのこ炒める？
犬）シメジ炒めは前作ったよ。
ル）カリフラワーいいね！カリーにしようか。
犬）カリフラワーでカリーできるの？
ル）できるよ！
犬）ああじゃあそれがいい！カリフラワーカリー。

今回はカリフラワーでカリーを作ることになりました。早速調理開始。まずカリフラワーを軽く洗ってから房ごとにばらばらにしてしまいます。大きい房は切って程よい大きさに。（写真2）
ル）スパイス出すね。
お皿を持って来たルーパーさん、スパイスを並べていきます。
ル）フェヌグリーク、小さじ4分の1ね。
なぜにフェヌグリークから……？ま

1

あいいか。
ル）チリパウダーとターメリックも小さじ4分の1ずつね。
犬）何かいつもより少ないね
ル）そうね。野菜のカリーは辛くしたら美味しくない。
犬）あ、そうねえ。
ル）だから今日はチリパウダー少ない。
ふんふん。なるほど。
ル）カリーパウダー小さじ1ね。（写真3）
犬）カリーパウダーはまあ普通だね。
ル）そうね。あと塩・コショウ。
塩・コショウは適量、ってことで。お好みでどうぞ。そして他の材料も出していきます。

犬）トマトは？
ル）トマト4分の1ね
ダイス状に細かく刻んでください。
ル）シナモンね。
犬）えーと、3㎝を1本ですね。
ル）そうね。
犬）このタマネギは？
ル）4分の1。
タマネギ4分の1。みじん切りにしてください。
ル）カリーリーブスね。
もさっとつまんで出してきたルーパーさん。

犬）えーと……。6枚くらいしかないよ？
ル）ちょっと少ないね！
追加します。

犬）10枚になった。
ル）それくらい。それくらいがいい。
カリーリーブスは10枚。

犬）鰹節は？
ル）鰹節大さじ1ね。
砕いた鰹節を大さじで1杯分。
ル）ニンニクとショウガ！
犬）どれくらい？
ル）小さじ1ずつね。
ニンニクのみじん切りとショウガのみじん切りを小さじ1杯ずつです。
ル）マスタード！小さじ2分の1ね。
マスタードシード、粒マスタードの中に入ってる粒粒を小さじに半分。

（写真1）
ル）あとはココナッツミルクね。
ボウルを出したルーパーさん。ココナッツミルクパウダーを大さじでもっさりと3杯その中に入れると、さらにやかんのお湯をそこに注ぎました。

犬）お湯はどのくらい？
ル）100㏄くらいね。（写真4）
コレで材料が全部揃いました。
ル）あ、今日ないから入れないけどあったらグリーンチリ1本。
青唐辛子を1本。今回はたまたま在庫がなかったので入れませんがあったらゼヒ！細かい輪切りにしてください。
ル）今日はね、すぐできるよ！
犬）あ、そうなの？
ル）うん。カリフラワーすぐ煮えるから。
犬）ああ、そうね。

今日はいつも以上のスピードクッキングになりそうです。
ル）全部炒めるからね
と言いながらお鍋を出したルーパーさん。大さじ2杯ほどの炒め用オリーブオイルを鍋の中に入れて強火で熱します。鍋と油が十分に温まったところで……。（写真5）

2

3

4

ル)まずマスタードからね。
お鍋にマスタードシードをIN。小さな粒がパチパチ爆ぜてます。そこにすぐにトマト、カリフラワー以外の他の材料を投入。正確にはタマネギ、シナモン、カリーリーブス、鰹節、ニンニク、ショウガです。(写真6)
ル)炒めるよーー。
木ベラで混ぜながら炒めます。ほんの1、2分、香ばしい香りが立ってきたら火を思いっきり小さくして、
ル)チリパウダー入れるねーー。(写真7)
ここでチリパウダーをIN。手早くかき混ぜてからすぐに、
ル)残りのスパイスも入れるよ。
カリーパウダー、ターメリック、フェヌグリークを投入。
ル)焦げるからね。すぐに混ぜるね。
ちゃちゃっと混ぜて、焦げ付きだす前に本命のカリフラワーとトマトを入れます。(写真8)
犬)おお、ここまで早いねえ!
ル)うん。
と言いながら混ぜるルーパーさん。

白いカリフラワーにスパイスが絡んでだんだん黄色く染まってきました。十分にスパイスやらニンニク、ショウガやらがカリフラワーに絡んで全体的に真っ黄色になってきたところで……。
ル)塩・コショウ忘れてた!
犬)忘れんでーーーー!(↑博多弁)
塩・コショウをパラパラっと入れてから、
ル)水入れるよ!(写真9)
お鍋の中に水を注ぎ込みます。あんまりいっぱい入れないみたい……。

犬)お水どれくらい?
ル)50ccくらいかな。野菜からも水出るから。
火は弱火のままで水を入れてしまうと、
ル)フタするよ!
お鍋にフタ!らしい。ここらへんはいつもどおり。
ル)少し煮るね!でもすぐ!
さっき言ってたようにカリフラワーがすぐに火通っちゃうんであんまり長く煮ないってことを言いたいようです。煮えるのを待ってる間、ヒマなのでふと思ったことを聞いてみる。

犬)ねえ、あのねーー、カリフラワーでカリーできるならブロッコリーでは作れないの?
ル)できないね!
犬)あ、そう……。

なんか形状とか似てるんでどうかなと思ったら即答されましたよ!

なんてことをやっているうちにフタを開けて鍋の中身を確認しているルーパーさん。どうやらちょうどいいカンジで煮えたみたい。
ル)ココナッツミルク入れるね。
準備していたココナッツミルクを鍋に一気に投入!(写真10)
ル)1回ボコボコってなったらできあがりね!
犬)あー、一度沸騰させたら完成ってことね。
ル)そうそう。それ以上は煮えすぎるから。
しばし鍋を火にかけたまま、沸騰するのを待ってから火を止めます。

5

6

7

ル）味見するね。
ちょっとスープを取って味見してから塩を足して味を調え……。
ル）できたよーー。
カリフラワーカリーの完成です！


いつものごとくお弁当箱に入れてもらいました。そしたらルーパーさん、一緒に持ってきたカレイを唐揚げにしてくれた！ 衣にクミンを効かせた風味豊かなカレイの唐揚げです♪

2つを事務所に持って帰って試食。ほっこりとした味わいのカリフラワーのモコモコ部分（なんていうんでしょアレ）にカリーのグレービーがたっぷりで美味しい……!! オーナーは私のいない間に試食してカレイの唐揚げを貪り食っていたそうです♪

そして「あんまり辛くしない方が野菜のカリーは美味しいね！」と比較的辛さ控えめに作ったはずなのにやっぱり辛いというK村女史……。

カリフラワーカリーのおさらい

カリフラワー …… でかいのを1個
トマト …… 1/4個
タマネギ …… 1/4個
ニンニク …… みじん切りを小さじ1
ショウガ …… みじん切りを小さじ1
シナモン …… スティック状のもの3cmを1本
カリーリーブス …… 10枚
鰹節 …… 大さじ1
マスタードシード …… 小さじ1/2
オリーブオイル …… 大さじ2
水 …… 50cc
塩・コショウ …… 適量

青唐辛子 …… 1本

〈スパイス〉
フェヌグリーク …… 小さじ1/4
ターメリック …… 小さじ1/4
チリパウダー …… 小さじ1/4
カリーパウダー …… 小さじ1

〈ココナッツミルク〉
ココナッツミルクパウダー …… 大さじ山盛り3
お湯 …… 100cc

すぐ火が通るのでいつにも増して煮込みすぎないこと！

「白ネギカリー」

寒くなってきましたね！
今回は、冬の定番メニュー鍋料理には欠かせない白ネギでカリーを作ってみました。
取材前日にルーパーさんに里芋と長いものお使いを頼まれていたので
スーパーに立ち寄りました。今日は何を作ってもらおうかなーと野菜コーナーを
ウロウロしていたら、でっかい白菜やネギ、春菊、シイタケやエノキなどなど……
鍋料理の材料がたくさん並んでいます。おお！白ネギが3本で98円！
これでカリー作ったらおいしそうですよ……。安いし！
ということで白ネギを買って行ってみることにしました。

犬）ルーパーさーーん！はい！里芋と長いも。
ル）あ、ありがとね。
犬）あとね、ネギ買ってきた。
ル）ネギ？
犬）これでカレーできない？
ル）うん、できるよ。
犬）おいしそうよねえ。
ル）おいしいよ。

犬）じゃあ今日はネギカリーね。
あっさり決まりました。今日は白ネギ3本でカレーを作っちゃいます！
ル）じゃあまず全部切るね。
白ネギ3本をお鍋に入れるような斜め切りでざくざく刻んでいってください。全部刻んだらこんもりけっこうな量に……。（写真1）
犬）すごい。もっさりあるね！

ル）煮たら減るよ。
犬）そういやそうね。
ル）グリーンチリ。1本ね。
青唐辛子を1本、細かく輪切りにしてください。
ル）鰹節ねー。これくらい。10gくらい。
鰹節の塊を10g、これも細かく刻みます。

1

ル)カリーリーブス入れるね。

犬)何枚くらい？10枚くらいかな？

ちゃんと数えたら枯れ葉っぱ10g枚くらいでした。

ル)次ね、タマネギ。ネギとタマネギでおんなじような味のが入るからね、あんまりいっぱい入れない。

犬)あ、そうね。どれくらい入れる？

ル)大さじで2くらい。

タマネギみじん切りで大さじ2くらいです。

犬)ニンニクとショウガは？

ル)入れるよー。

大さじで掬ってみせるルーパーさん。

犬)ん？大さじ？

ル)大さじ半分くらいねえ。

犬)ニンニクショウガは大さじ半分ね？

ル)そう。

ニンニクのみじん切りとショウガのみじん切りはそれぞれ大さじ2分の1ずつ。

ル)シナモン入れるね。コレくらい。

スティック状のものを5㎝ほどポキッと折って使います。

ル)トマトー。いっぱいはいらないね

中くらいのトマトを4分の1、ダイスに刻んでください。（写真3）

ル)あとはスパイスね。

犬)材料少ないね（笑）。

と言いながら今度はスパイスを揃えていきます。

ル)カリーパウダーとターメリックね。

犬)チリパウダー入れないの。

ル)入れるけどあんまり入れない。

とりあえずお皿に出してもらいました。

ル)カリーパウダー小さじ4分の1ね。

犬)少なっ！

ル)そうね。少しだけね。

ル)ターメリック……小さじ半分くらい。

犬)ターメリックの方が多いのね。

ル)そうね。あとチリパウダー小さじ4分の1くらい。

コレでいつものスパイス3色が出揃いました。

ル)あとね、マスタードとクミンとフェヌグリークも入れる。

犬)へーー。

マスタード＝マスタードシードです。黄色いからしじゃなくてつぶつぶ。ひとつまみ入れてください。クミンもひとつまみ！

ル)フェヌグリークこれくらい！

瓶のフタにちょびっと出して見せるルーパーさん。

ル)んーーだいたい5gくらい？

犬)5gね。（写真2）

ル)あとはココナッツミルクねー。

犬)コレで全部？

ル)あと塩・コショウ。

それでは調理開始です！

ル)全部混ぜるよ！

犬)え、トマトも？

ル)全部。

いつもはトマトは別なんですけど……。今日は違うみたい。

ネギを入れたボウルにスパイスと出した材料全部投げ込みます。

ル)混ぜるよー。

手でボウルの中身を混ぜ混ぜ。全体がまんべんなく混ざるまでしっかり混ぜてださい。（写真4）

しっかり混ざったらお鍋を用意。そ

んなに大きくない片手鍋をコンロにのせて火にかけます。
ル)油入れるね。大さじ3くらい。
いつもよりちょっと多め!火は中火よりちょっと弱めで鍋と油がしっかり温まったらスパイスから入れていきます。
ル)まずクミンとマスタードとフェヌグリークね。
クミン、マスタードシード、フェヌグリークを投入木ベラで手早く混ぜて香りが出たら(ほんの10数秒ほどでOK)(写真5)
ル)全部入れるよーー。
犬)また全部?
ル)そうそう。
ネギに茶色や黄色の粉末、木やら葉っぱがごちゃ混ぜになったものをどさっと一気に鍋の中へ!
ル)混ぜるねー。
木ベラでこつこつ丁寧に混ぜながら鍋を持ってちょっと火から離したりしています。
ル)スパイス焦げやすいからねー。
犬)ああ、ナルホドねー。

コンロの上にかざしたり遠ざけたりしながら全体を混ぜつつ丁寧に炒めます。
トマトの水分がありますが火が強すぎると粉末スパイスが焦げ付きますので注意!全体が混ざって、でもネギはまだ半生状態!ってあたりで、
ル)水入れるね!
ここで鍋に水を投入。(写真6)
ル)100ccくらいねー。
ちゃんと量って100cc、お水をじゃばっと鍋の中へ。
ル)フタするよ。
お鍋にフタを被せます。火は弱中火のまま煮込んでいきます。煮込むといっても5分ほどですが。
ル)ココナッツ作るよ!
犬)ああ、今のうちにね。
ル)そうそう。
小さいボウルにココナッツミルクパウダーを入れます。
ル)ココナッツ大さじ3杯くらい!
山盛りで3杯です。
ル)お湯は100ccね。

そこにやかんのお湯を100cc。泡立て器で混ぜてキレイに溶かしてくださいで、ちょこちょこ鍋を覗き焦げたりしてないか水分量を見張ります。初めはネギから水分が出るので最初より水気が増えますがその水分量が少しずつ減って汁気に若干とろみが見えるくらいになったところで(写真7)
ル)ココナッツ入れるね!
ここでココナッツミルクを投入。一気に鍋の中が白濁します。ターメリックの黄色がキレイに出てる!
ル)2、3分くらい煮るねー
フタは開けたまま、火もそのままで2、3分放置。2、3分すると軽く煮立ってきます。
ル)味見して塩・コショウ足すねー
ここで味を整えてください。
犬)おいしい?
ル)おいしいよー。
黄色のグレービーにネギの緑がとてもきれい!火を止めて完成です!
今回は事務所に持ち帰る暇がなかったので1人で試食。コレはおいしい

です！辛さ控えめに作ってあるのですがネギの甘み、ココナッツミルクの甘みにスパイスの香りや辛味が程よく効いていてとても食べやすいカリーです彩りもキレイですし！

昔「じゃりン子チエ」で花井のオッちゃんに「テツ、ネギくえ、かしこなる」って言われてましたがネギ一気に3本も食べたのですごく賢くなった気がします……。

「じゃりン子チエって何？」って思った方は……調べてください……古くてすみません。

白ネギカリーのおさらい

白ネギ …… 3本
トマト …… 中くらいのを1/4個
タマネギ …… みじん切り大さじ2
ニンニク …… みじん切り大さじ2分の1
ショウガ …… みじん切り大さじ2分の1
青唐辛子 …… 1本
鰹節 …… 10g
カリーリーブス …… 10枚
シナモン …… 5cmを1本
塩・コショウ …… 適量
水 …… 100cc
オリーブオイル …… 大さじ3

〈スパイス〉
カリーパウダー …… 小さじ1/4
ターメリック …… 小さじ1/2
チリパウダー …… 小さじ1/4
マスタードシード …… ひとつまみ
クミン …… ひとつまみ
フェヌグリーク …… 5g

〈ココナッツミルク〉
ココナッツミルク …… 大さじ山盛り3
お湯 …… 100cc

超絶簡単。炒める時にスパイスを焦がさないことだけ気をつけましょう

スリランカ小紀行

ヌワラエリヤにはヒルクラブと呼ばれる男性専用の会員制クラブが存在する。PCの無線が使えるとのことで以前友達に連れていかれた。レストラン、バー、ビリヤードらゲームを楽しむ部屋も用意されている。英国の植民地時代の名残か！

「さつまいもカリー」

家庭料理の会では作ったことがあるとかないとか。

今回はさつまいもでカリーを作ってみました!!

旬は秋ですが日本ではいつの季節でも売ってるお野菜ですので挑戦しやすいと思います!!

今回は早めに考える!! と厨房に立ち寄った時にルーパーさんと相談。


犬〉今度は何作る?

ル〉何にしようか……?

ふと思いつきました。かぼちゃでカリーができる。ジャガイモでカリーができる。じゃあさつまいもは……??

犬〉あのさ、さつまいも持ってきたら何か作れる……?

ル〉ポテトカリー?

犬〉できる?

ル〉できるよ~。

犬〉おお、じゃあそうしよう!!

ル〉わかったー。

そして取材日前日。スーパーに行くとさつまいもが並んでいます。いつものノリでいくとだいたい500gくらい使うんだろうな……と思ったので500gちょい入ってる袋詰めのさつまいもを1袋購入。中くらいのが4個入っています。それを持って翌日ヌワラエリヤへ。

犬〉ルーパーさーん!! 作ろーー!!

ル〉来たね。じゃあ作ろうか。

さつまいもを取り出すとまず荒く皮を削り始めるルーパーさん。包丁の刃を立てたままさつまいもの表面を削って皮を適度にこそぎ落とすカンジ。ごぼうの皮を削る時のような要領です。

ル〉皮をね、ちょっと取るね。

犬〉全部取るわけじゃないのね。

ル〉全部は取らないね。

適当に皮をこそいで白いところと皮付きの部分が7対3くらいになったところで水を入れたボウルが登場。皮むきさつまいもをその中に入れます。

ル〉すぐ色が変わるからね。水に入

れとく。
犬）ああ、ナルホド。
さつまいも4個の皮を削ってしまってから今度は切ります。
ル）4等分くらいね。（写真1）
さつまいもを1個につき4、5等分、一口よりちょっと大きいくらいのサイズに切ります。切ったらまた水の中へ。
ル）次はタマネギ!!
と言いながらタマネギの皮をむくルーパーさん。
犬）タマネギはどれくらい？
ル）4分の1。このタマネギ大きいから6分の1ね。
犬）フツーのタマネギなら4分の1個ね。
ざくざくと手早くタマネギを刻むルーパーさん。手早いわりにはかなり細かい……!!
犬）え？それみじん切り？
ル）みじん切り。
タマネギはみじん切りにしてください。
ル）それからニンニクとショウガ。

の、みじん切りをお皿に出してくるルーパーさん。
犬）えーっとこれは小さじ1？
ル）小さじ？いや、大さじ。大さじ1ずつね。
犬）わかった。ニンニクとショウガのみじん切り大さじ1ずつね。
ル）グリーンチリ1本。
青唐辛子を出してきて刻んで見せるルーパーさん。ネギでいう小口切りですね。
ル）鰹節!! だいたい10gくらいね。
犬）鰹節10g……ね。

カタマリから消しゴム1個分くらいを切り出すとそれをザクザクッと細かく刻むルーパーさん。
ル）はい、カリーリーブスも。
と、葉っぱを出してくる。
犬）えーと、これ何枚くらい……15枚くらいあるね。
ル）そうね。
犬）じゃあカリーリーブスは15枚くらい。
ル）フェヌグリーク。小さじに半分くらい。（写真3）

ざらざらっとフェヌグリークをお皿に出すルーパーさん。
犬）シナモンはー？
ル）ああ、シナモン。
1本持ってきたルーパーさん。だいたい4㎝くらいの長さです。
ル）あとはスパイスね。出す？
お皿に出して並べるかと聞いている模様。
犬）出す。
ル）ターメリックが小さじ2分の1。カリーパウダーが小さじ1と2分の1ね。
ちなみにカリーパウダーの小さじ1は山盛りで1です。（写真2）
ル）あとでチリパウダー入れるけど……。
犬）炒める時ね。
ル）そうそう。
犬）これで終わり？
ル）そう。で、全部を鍋に入れるよ～。
いつものごとく、用意したお鍋に水から出したさつまいも、タマネギ、ニンニク、ショウガ、青唐辛子、鰹節、カリーリーブス、フェヌグリーク、シ

2

3

4

ナモン、ターメリック、カリーパウダーをぶち込みます。が……。（写真5）
犬）ねえ……何か鍋が小せえよ！
ル）うん。
今日のお鍋はどこのお宅にもあるような片手鍋です。他にもお鍋使っててこれ以外に空いてる鍋がなかった模様。
ル）たぶん大丈夫！
犬）そう？じゃあこのままで……。

気を取り直して調理続行。鍋の中に塩・コショウも入れちゃいます。これはまあ適量で。後で足せばいいのではじめっからいっぱい入れないほうがいいでしょう。
ル）で、水を入れて……。
その中にお水をじゃーっと。さつまいもがつかってちょっと顔出すくらいの量です。（写真6）
ル）で煮るね。
犬）フタするんだよね。
ル）うんそう。
鍋にはフタ。火は強火です。
ル）15分くらいかな。
犬）今の間にココナッツミルクだよね？
ル）そうそう。
さつまいもが煮えるまでの間にココナッツミルクを用意します。ヤカンのお湯を取りに行ったルーパーさん。ボウルにお湯を入れます。（写真4）
ル）200ccくらいね。
犬）お湯は200cc、ココナッツミルクは？
ル）大さじ4。
正確には大さじ山盛りで4です。ボウルのお湯の中にココナッツミルクを入れ泡立て器で混ぜて溶かします。本当はココナッツミルクの中にお湯を入れたほうがダマになりにくいのですが今回はたまたまですが反対の手順。こういうところが相変わらずアバウトですよ。このレシピ。

犬）さつまいもが煮えるまでヒマだね……。

と、コンロの上を見るとなぜか鰤大根のような煮物料理の入った鍋が。大根と魚の切り身が茶色い煮汁に浸かっててなんかすごく美味しそう。

犬）ルーパーさん？何これ。
ル）作った。日本の料理っぽい？
魚はよく見ると鰤じゃない。

犬）え？鯖？
ル）さわらー。もらった。
犬）この茶色いの醤油だよね？味付けどうしたの？
ル）さしすせそ！
犬）何がさしすせそだよ！えーー、でもすごーい!!

どこからどう見ても日本の煮物です。どうやら今日のまかないの様子。最後に水溶き片栗粉でとろみをつけてますが……。
ル）ハイ。
お皿に入れてくれた!! さわらを一口。フツウにうまい。
ル）日本の味？
犬）うん!! 日本の味だよ!! ショウガ入れた？

こういう料理につきものの青魚の臭み消しのショウガがほのかに香ります。他にも何か……なんかちょっと違う味がしてそれがあまり和食っぽくない……。

5

6

7

ル〉ニンニクショウガ入れた。ソレダ！　ニンニクのせいで和食っぽくなくなってる！　とはいえ十分美味しいです。大根もさわらも煮崩れは全然なし。とてもキレイ。

犬〉崩れてなくて形がきれいだよねえ。

ル〉それは経験だから！

犬〉自画自賛かよ。

そうこういっているうちに15分ほど経過した模様。鍋のフタを取るルーパーさん。白かったさつまいもが黄色くなってるのはターメリックのせいじゃなく火が通った証拠です!!

(写真7)

ル〉ココナッツミルク入れるよー。

犬〉大丈夫？　全部入る……？(写真8)

鍋が小さいからちょっと心配でしたが無事に全部入りました。軽く混ぜて味を見るルーパーさん。塩気は大丈夫なようです。鍋の火は小さく落としてから今度はフライパンを用意。

ル〉あぶら!!　大さじ2くらいね。

犬〉そこらへんはいつもと同じだよね。

フライパンを強火にかけます。

ル〉熱くしないといけないね。

いつもカンカンに熱しますもんね。油がいい加減熱くなってきた頃を見計らって……。

ル〉マスタード種。

犬〉どれくらい？

ル〉小さじ半分ね。

と言いながらフライパンにマスタードシードを投入。シュワー!!って音がします。

ニンニクのみじん切りをひとつまみとカリーリーブスを10枚ほど。まとめてマスタードシードの入ったフライパンの中へＩＮ!!　一気にジュワーー!!と音が上がります。

犬〉香り付け？　いつもよりイロイロ入ってるね。

ル〉ここでチリパウダーね!!(写真9)

フライパンを火から下ろすとまだジュワーっていってる中にチリパウダーを小さじ2分の1投入!!　一気に油が赤く染まります。軽くかき混ぜてモノの数秒、チリパウダーが焦げてしまう前にすぐに芋の鍋の中に!!(写真10)

ル〉できたよーー。

犬〉おお、さつまいもでもできたねえ……。

以上、完成です～。

けっこういっぱいできたので事務所にもらって帰る分だけとって、あとはまかないでみんなに食べてもらうことに。新人のホールスタッフなんかは未知の味を楽しみにしてるようでした♪

事務所にもらって帰って、K村女史と2人で分けました。美味しいですコレ!!　かぼちゃと同じく具の甘みとココナッツミルクのまろやかさとスパイスの辛さがベストマッチ!!　どうぞお試しください!!

さつまいもカリーのおさらい

さつまいも …… 中くらいを4本
タマネギ …… 1/4個
ニンニク …… みじん切り大さじ1
ショウガ …… みじん切り大さじ1
青唐辛子 …… 1本
鰹節 …… 荒く刻んだものを10g
カリーリーブス …… 15枚
フェヌグリーク …… 小さじ1/2
シナモン …… 4cmを1本
塩・コショウ …… 適量
水 …… 適量

〈スパイス〉
ターメリック …… 小さじ1/2
カリーパウダー …… 小さじ山盛り1と1/2

〈ココナッツミルク〉
ココナッツミルクパウダー …… 大さじ山盛り4
お湯 …… 200cc

〈仕上げ用〉
オリーブオイル …… 大さじ2
マスタードシード …… 小さじ1/2
ニンニク …… みじん切り小さじ1/2
カリーリーブス …… 10枚
チリパウダー …… 小さじ1/2

お芋を煮込み過ぎないように……。
そして何日も煮なおして食べてると
スパイスの風味が飛ぶ＆芋が煮溶けて
普通のカレーのようになります。注意!!

スリランカ小紀行

スリランカを旅行してるとよく結婚式に遭遇する。絆はとても強く家族思いだ。周りではキャンディーダンスで喜びを表す。ダンサーはイケメンぞろいでスターだ。若い二人に幸多かれと祈りたくなる。

「豆腐カリー」

名前を聞いただけじゃちょっと想像つかないミステリアスなカリーを習いました。豆腐を使ったこんな料理はいかがでしょう？ この日、ヌワラエリヤにちょっとした取材が入ってまして私がお店に行ったのは少々遅めの15時45分頃でした……

ル）遅いよ〜！

調理台のまな板の上は豆腐が丸々1パック、鎮座しておりました……。

犬）お待たせです!! おっ、もう豆腐出してありますね。丸々1丁ですか。

ル）うん。まずこれを切るよ

ヨーコさん）そのお豆腐、木綿ね！

犬）木綿豆腐ですね

ヨ）そうそう、ハードな方（←ルーパーさんにもわかりやすい表現）の豆腐

ル）これを……こんな風に切るね。

犬）えーと、縦に3等分、横に3等分、高さを半分に切ってください。（写真3）

ル）それから他の材料ね。タマネギは半分の半分。

犬）みじん切りですね。

ル）それからニンニクとショウガのみじん切り。大さじ（毎度おなじみ大さじという名のただのカレースプーン）1ずつ。鰹節も同じくらいの量ね。

犬）100円の消しゴム1個くらいの量の鰹節を「みじん切りよりちょっとでかいかな〜」くらいの大きさに刻んでください。削り節じゃないです。カタマリのやつ。

ル）あとカリーリーブスを……これくらい。

犬）だいたい20枚くらいですね。

ル）あと味付けのためにトマト入れるよ。具じゃないから。

あくまでも味付けのための材料としてトマトを入れるそうです。具じゃないらしい。どれくらいですか？大

きさは……やや小振りのものですね。
ル）4分の1。これを小さく……。
犬）ダイス状に切りました。
ル）あとグリーンチリ。1本ね。
犬）細い輪切りにしてください。（写真1）
ル）次はスパイスね。カリーパウダーを大さじ1、チリパウダーを大さじでこれくらい……。
犬）カリーパウダーは大さじに山盛りで1杯、チリパウダーはすりきりで1杯だそうです。
ル）ターメリックを大さじ2分の1、フェヌグリークを小さじで2分の1。だいたいこれで全部かな。（写真2）
犬）早速調理ですね!!
ル）鍋を出して火にかけてチリパウダー以外の材料を全部入れるよ。（写真4）
どばーっとチリパウダー以外のすべてを鍋に投入！全体がなじむように木ベラで軽く混ぜてます。

犬）あ、今鍋に油引きましたっけ？
ル）いや、入れてない。で、ここに水200ccを入れる。10分くらい……。（写真5）
犬）10分くらい煮込むんですね。
ル）うん。
と言いながら小さい器を持ってヤカンのところへ走る!!
犬）今のうちにココナッツミルク、ですね。
ル）そうそう。ココナッツミルク（パウダー）を大さじで山盛り3杯。お湯を100cc入れて混ぜる。
犬）泡立て器使うと簡単に手早くキレイに混ざります。
ル）でそろそろ10分くらいたった鍋の中に入れるね！
犬）前回も思ったんですがこの時点だと香りは間違いなくカリーなのに薄ら黄色い牛乳の中に葉っぱとか浮いてるショッキング料理に見えますよね……。（写真6）
ル）あ、塩入れたっけ？塩とコショウ！
犬）まだまだ。
ル）じゃあ入れるよ。「少々」ね。
犬）皆さんお好みで味付けしてください。
ル）でね、ボコボコになったら火からおろすよ。ボコボコに。
犬）ボコボコ？……あ、一煮立ちさせたらってことですね。
ル）そうそう。ボコボコってなったら火を止めて。それから別にスパイスを用意するよ。ニンニクとショウガとタマネギを小さじ（という名のお弁当スプーン）で1ずつ。
犬）それぞれみじん切りで1ずつです。
ル）それからマスタードシードを小さじで2分の1。
ここでまたもやヨーコさんの声が乱入!!
ヨ）ルーパーさん!! ヌードルリアルレッド1ー!!
ル）ハイー。
前回とほぼ同じタイミングでまたもお客さんからの注文が入ったのでここで一時中断です。ヌードルカリーを出し終えた後、改めて料理再開。
ル）で、小さいフライパンを出して強火にかける。ここにサラダ油を大さじ2くらい入れて……。
犬）……大さじ2よかちょっと多く

4

5

6

ないですかコレ？
熱くなったフライパンにニンニク、ショウガ、タマネギを一気に投入!!

ル）タマネギが茶色くなるまで炒めるね。

犬）わりとすぐですね。

ル）残してたチリパウダーを入れるよ!!（写真7）

犬）ハイ！（いつも刺激臭の不意打ちを食らうので今日はそうは行くまいと必死）

ル）焦がさないように炒めるよ。で、全部鍋の中に入れる……。

犬）前回と同じくフライパンで炒めたものを最初のカリーの鍋の中に一気に投入。軽く混ぜてます。チリパウダーを入れてからはあっという間。チリパウダーが焦げたらダメダメなので手早く、です。

ル）最後にレモンを。ちょっと絞って……（小さじに半分ほど。いつもよりは少なめ）。はいできた!!（写真8）

犬）わーい!! ありがとうございますー!!

いつものように事務所にご飯と一緒にもらって帰ってK村女史と食しました。K村女史はいつもヌワラエリヤから上がってくる材料費の中に「豆腐」とあるのが気になってもう何年もずーっと「豆腐で何作ってるのかしら……」と思っていたそうで今回ようやくナゾが解けてよかったですね!! びっくりなのは煮込んでるにもかかわらず豆腐にすが立ってないこと!!「ボコボコってなったら火からおろす」はこういうことだったんですね。豆腐の形もちゃんと残ってて、でもヌワラエリヤのカリーに仕上がってます。さすがルーパーさん!!

豆腐カリーのおさらい

豆腐 …… 木綿1丁
トマト …… 小さめを1/4個
タマネギ …… 中くらいを4分の1個
ニンニク …… みじん切り大さじ1
ショウガ …… みじん切り大さじ1
鰹節 …… 削ってないやつ。丸節の端っこを2～3cmくらいの量
カリーリーブス …… 20枚
青唐辛子 …… 1本
塩・コショウ …… 少々
水 …… 200cc

〈スパイス〉
カリーパウダー …… 大さじ山盛り1
ターメリック …… 大さじ1/2
フェヌグリーク …… 小さじ1/2

〈仕上げ用〉
チリパウダー …… 大さじすりきり1
ニンニク …… みじん切り小さじ1
ショウガ …… みじん切り小さじ1
タマネギ …… みじん切り小さじ1
マスタードシード …… 小さじ1/2
サラダ油 …… 大さじ2強

〈ココナッツミルク〉
ココナッツミルクパウダー …… 大さじ山盛り3
お湯 …… 100cc
レモン汁……小さじ1/2くらい

チリパウダーやニンニク、ショウガは焦がさないように

「ヌードルカリー」

時々お客様から「ヌードルの作り方を教えてほしい！」とメッセージをいただきます。

ヌードルって一体何よ?と思われる方もいらっしゃるでしょうか。

スリランカではカレーを食べる時に、ご飯の代わりに炒めたビーフンをカレーに絡めて食べます。

それを当店では「ヌードルカリー」と称して提供しております。

ランチメニューで提供しておりますので当店のお客様方にはなじみの料理。


そのヌードルカリーのヌードル部分のレシピなのですがスパイスを使うわけでも何か特別な技術や調理法が必要なわけでもありません。簡単ぷーです。

だから公開しなかったんですよ……。

公開するまでもない、あまりにチョロすぎるから……。

ので、お客様からレシピの問い合わせをいただくたびに「こういう材料をこうやって調理して作ります！普通ですみません！」とお返事を差し上げておりました。

せっかくなのでここに載せますが、本当にチョロいです。

オマケと思って読んでください。

①下ごしらえ

ビーフンはあらかじめ茹でた後、ザルに上げてお湯を切りしっかり冷ましてください。冷めていない、水気が切れていないと後で炒める時焦げ付く原因になります。

野菜はビーフンに合わせて細長く切ります。

②炒める

大きめの中華鍋、もしくはフライパンをコンロにかけてバターを入れて加熱。火は中火で。バターがすぐに熱で溶け出しますのでフライパン全体に回してからそこにまずニンジンを投入。さらにタマネギ、キャベツ、ネギの緑のところを続けて投

入。手早く炒めます。（写真1）ニンジンやタマネギがしんなりしてきたらそこにビーフンをがばっとひとつかみ投入！（写真2）

③味付け&仕上げ

ここで火を強めにして投入したビーフンの上に手早くケチャップ、醤油をまわしかけ、塩とコショウをふります。（写真3）

で、フライ返しを使いつつ、フライパンをゆすって激しく！　手早く！　わーーーー！！っと勢いよく混ぜながら炒めてください。調味料が全体にむらなく混ざって白かったビーフンがうっすらオレンジ色に染まりさらにお野菜とビーフンもしっかり混ざるまで炒めたらちょうど良く火が通って完成です！（写真4）

大きいお皿を用意して、真ん中にもりっとヌードルを盛りつけその周囲にサンボールやカリーを少しずつ何種類か盛り付けて混ぜ混ぜしながらお召し上がりください！

ヌードルカリーのおさらい

ビーフン …… 茹でて冷ましたのを思いっきりひとつかみ
タマネギ …… 中くらいを1/4個
キャベツ …… タマネギと同じくらい
ニンジン …… タマネギの半分くらいの量を細切りに
白ネギの緑のところ …… 細く斜め切りにしたものをニンジンと同じくらい
炒め用バター …… 大さじ2
ケチャップ …… 大さじ2
醤油 …… 大さじ1
塩・コショウ …… 適量

カリー、サンボール …… お好みで

チリパウダーやニンニク、ショウガは焦がさないように

ヌワラエリヤの誕生

小さな喫茶店をやろうと思い、友人を誘って走り出したのが思わぬきっかけでスリランカレストランに変わってしまったのは若さのせいなのか、今振り返ってみても無謀だったのではないかと思っています。いつ止めてもいい状況が次から次に訪れてきたのだがなぜか止めることなく今日にいたってるのはどう考えても自分自身だけの力だけではない、不思議な何者かの誘いのように感じています。

場所は浄水通りに見つかり、「とにかくスリランカに行こう！」と出かけました。かの国ではスリランカ人の友達の家族、奥さんの家族とお兄さんに大変なお世話になりヌワラエリヤでのすべてのもてなしも友達とお兄さんによるものでとても楽しい旅行でした。気持ちがすっかり固まり、帰りの飛行機の中でレストランの店名を「ヌワラエリヤ」、併設するバーを「スコール」とすることに決めたのでした。

建物の構造上レストランスとバーを併設して中間に喫茶スペースを設けた設計も必然な成り行きでした。そんな中、コロニアルスタイルのエスニックレストランの空気感を醸しだすために思い付いたのは白いパラソルだったのです。

1988年12月の暮れにOPEN。スリランカからオープンに駆けつけてくれた友達と奥さん。その奥さんが店内を眺めての第一声が「まるでヌワラエリヤみたい」だったのは今でも記憶に残っています。

グラッフィックデザインは長年スクラムを組んで互いに走ってきた「ingデザイン研究所」にお願いしました。

初めてのレストランの営業は大変でしたが「ヌワラエリヤ」の内装と「バー・スコール」の内装がそれぞれに異なり違った空気感が漂う店に出来上がったのは若さゆえの気負いもあったのではと思っております。しかし今でも浄水通りの店は良かったとおっしゃるお客さんが多いのは嬉しい。30年という時間も今思うとアッと言う間だったような気がします。

TUNAPAHA《ツナパハ》・Nuwara Eliya《ヌワラエリヤ》 デビル

「デビルチキン」

ツナパパ、ヌワラエリヤの看板メニュー「デビル」シリーズが自宅で作れます!!
ネーミングにビビって食したことのない方も大好物!! な方もゼヒどうぞ!!
調味料の量とか使ってるスプーンとかがアバウトですがそこが実録のいいところ。
雰囲気で掴んでやってください。

ル）じゃあね。まずチキンを切るよ!! このくらい。

犬）え～、一口大よりちょっと大きいくらい? 女性なら二口分くらいかなあ。（写真1）

ル）だいたい180～200g分くらいね。全部切って、それから塩・コショウとマスタード。

犬）マスタード?

ル）そう。塩とコショウは少々。マスタードはこのくらい……。小さじ4分の1（人差し指で軽く瓶から1すくい）? それをチキンにまんべんなくからめる。（写真5）

犬）ふんふん。

ル）で、次に野菜を切るね。白ネギとタマネギとピーマンとトマト。白ネギは下の白い部分を2本（言いながらもうとっとと切っている。早いよルーパーさん!）

犬）20㎝くらいのを2本ね。それをナナメに。鍋とかに入れる時と同じような感じです。

ル）ピーマン1個ね。これも切る。

犬）縦に半分にして種を取ってから横に3等分。計6個に分かれました。

ル）同じように赤ピーマンも切るね。それからタマネギは半分をこんな感じに……これ何て言ったらいい?

犬）くし型ですね。トマトを切るみたいにくし型に6～7等分。

ル）トマト（半分）も同じように切る。それからグリーンチリを1本。辛いの好きな人はもう1本入れていいよ。

犬）えー。見た感じ「シシトウ」に似てますがもっと辛い、いわゆる青唐辛子です。韓国料理の食材店とかでよく売ってるやつ。10㎝前後のものを使ってください。

ル）これもこんな感じで……。

犬)斜め切りで1本を3等分。(写真3)
ル)あとニンニクを1さじ!ショウガを1さじ!あとカリーリーブスね。
犬)ん?20～30枚くらいですね?(写真2)
ル)そうね!
で、準備できたら炒めはじめる。まずフライパンに油を1さじを入れ強火で温めて……煙が出るくらい熱くする(これ以上やると火事寸前って感じでヨロシク)。

犬)ぐおっ!怖い怖い!熱い熱い(コンロに近付きすぎです)!
ル)チキンを入れたら弱火にして、片面を軽く焦げ目がつくくらいに焼く。(写真6)
犬)炒めるというよりじっくり焼く感じですね。
ル)焼けたらひっくり返して反対側も表面を焼いて……その後フタをするね。(写真7)
犬)フタ?
ル)中まで火を通す。5分くらいね。フタして蒸し焼きにしたらお肉やわらかいよ。
犬)ふんふん。
ここで2人でフライパンの前に突っ立って5分経つまで待ってます。そしたら唐突に
ル)あ、チキンね、もも肉!皮は先にはがしてね!
犬)もう!そういうことは先に言ってくださいよ!
ル)後ね、デビルポークもビーフもシュリンプも魚もだいたい作り方は同じね!マトンはちょっとかたいから違うけど!!
犬)だから何で先に言わないんですか!もう!こんな途中の行程でイキナリ!!
ル)そろそろいいかな?
フタを外して中まで火が通ってるか確認。
ル)じゃあ次は野菜入れるよ!
先にニンニクとショウガを軽く炒めてから野菜を全部入れて強火にしてから2～3分!軽くね。焼きすぎると野菜が……。(写真8)
犬)しなしなになっちゃうってことですね?
ル)で、味付け。カリーパウダーを大さじ1、ターメリックはひとつまみ。チリパウダーは小さじに半分くらい。辛いの好きなら増やしていいよ。(写真2)
またものすごい勢いでバンバン入れる。
犬)ちょっ……待って!メモれませんから!!
ル)それからケチャップを大さじで4くらい。チリソースを3くらい。あと醤油と塩と……。(写真9)
犬)醤油は軽くフライパンに1回まわしかける感じで。塩は1つまみです!!
ル)あとチキンスープね。鶏がらでとった出汁スープです。(写真4)
ル)これカップにどれくらいかな?と、手近にあったグラスに入れて見せる。
犬)70～80ccってとこですかね。普

2

3

4

通のご家庭にあるお玉でひとすくい弱ってとこかな。
ル）これを入れて……（まんべんなく炒め混ぜる）、最後にレモンを軽くひとしぼり。ハイ！できた!!（写真10）
犬）おお〜。チキンスープやトマトのおかげで炒め物なのにジューシィな感じですね!! 彩りもキレイで美味しそう!!

その後、前回は私1人で食べたので今回は本社事務所に持って帰って、事務担当K村女史とボス犬ことオーナーと3人で分けて食べました。デビルの名にどれほど辛いのかとお思いの方もいらっしゃるかと思いますので詳細に表現しますと甘辛くてジューシィ。チリチキンやピリカラ豚足、チキンカリーほどではありませんのでご安心を。もちろんスパイスや青唐辛子のおかげでヒリヒリきますが辛味が口の中から引くのも早い！

お野菜もたくさん食べられていいですね！スパイスのおかげで代謝は上がるし、油分はフライパンに引いた大さじ1杯のみ。めっちゃヘルシーではないでしょうか!!

オーナー曰く「どうしてこんなに複雑な味が出せるんだろうねえ……（感嘆）」だそうです。皆でキレイに完食いたしました。

デビルチキンのおさらい

鶏もも肉(文中ではチキン) …… 180〜200g。あらかじめ皮をはぐ
塩・コショウ …… 少々
マスタード …… 小さじ1/4

白ネギ …… そんなに太くないヤツの下の白いところを20cm×2本
タマネギ …… 1/2個
ピーマン …… 中くらいを1個
赤ピーマン …… 中くらいを1個
トマト …… 中くらいを1/2個
青唐辛子 …… シシトウくらいの10cmほどの長さのヤツをお好みで1〜2本
ニンニク …… 1片をみじん切りにするとちょうど1さじ分くらいになります
ショウガ …… 同じくみじん切りにして1さじ分
カリーリーブス …… 20〜30枚ほど
炒め油 …… 大さじ1

〈スパイス〉
カリーパウダー …… 大さじ1
ターメリック …… ひとつまみ
チリパウダー …… 小さじ1/2

ケチャップ …… 大さじ4
チリソース …… 大さじ3
醤油 …… 適量。大さじ1くらいかと
塩 …… ひとつまみ
鶏がらスープ …… 70〜80cc
レモン汁 …… 小さじ1くらい。ルーパーさんは1/6の大きさのくし型に切った生の果実を直接絞りかけていました

途中の火加減に気をつけてください。
後から入れるソース類や野菜が焦げ付かないように。

スリランカ小紀行

シギリアロック近くで見かけた土産物を売ってそうな小屋、ハッとする！なぜだかこのようなたたずまいにひかれてしまう。このような空気感を持った建物を設計したい。素材感も中々魅力的である。

「デビルポーク」

今月は普段煮込みに使う豚軟骨部分でデビルポークを作ってみました。軟骨部分はちょっとかたいのですがやはり骨の周りのお肉は美味しい！ボリュームのある一品おかずになりましたよ！事前にルーパーさんに「好きな物買ってきていいよ」と言われていたので取材当日にスーパーに行ってみました。新ショウガやレンコンが出てますね。レンコンは以前使ったけど……何かないかなーと思ってお肉コーナーに行くと豚軟骨が安かった！けっこうしっかりお肉もついてておいしそうだし何と言っても220円。でかいレンコンとこれを買ってヌワラエリヤの厨房に持ち込みました。

ル）何買ってきた？

犬）あのねー豚軟骨。

「？」となるルーパーさんにパックを手渡し。骨付き豚バラのようなものを渡され考え込みます。

ル）コレで何作ろうかーーー。

犬）何ができる？カリー？先月何作ったっけ。

ル）エビカリー。

犬）ああ、そうやったそうやった。

ル）コレ普通何に使う？

犬）ウチのお母さんは大根と一緒に煮てた。

ル）ふーん……カリー？デビルとかにする？

犬）軟骨のところがかたいけど……おいしそうね。

ル）うん。美味しいと思う。

犬）じゃあそうしようか！

と言うわけで今日は煮込み用の豚軟骨をお野菜と一緒にチリソースで炒めます！

ル）じゃあまず肉に塩・コショウね

犬）もう作るのね！

まずは豚軟骨（310gありました）をボウルに入れて……（写真2）

ル）塩・コショウとマスタードね。

犬）マスタードどのくらい？

ル）んーーと、小さじ4分の1？

黄色いマスタードを豚に塗りこみ揉み込みます。さらに塩・コショウ。

ル）酢もちょっと入れるねー

犬）酢!?

ル）うん。ちょびっと。小さじ1くらい？

酢の瓶のフタに少量の酢を出して見せたルーパーさん。それをボウルの中に。マスタードで薄ら黄色くなった肉にそれももみこみます。（写真3）

ル）じゃあ焼くよーー。

コンロにフライパンをのせて強火にかけます。

ル）油入れるね。これから油出るからちょっとでいいよ。

大さじ1ほどのオリーブオイルをフライパンへ。アツアツになったところで肉を投入します。

ル）よーく焼くねー。

肉は片面ずつ丁寧にひっくり返しながら火を通していきます。けっこう厚みがあるので時間をかけてじっくり中まで火を通す感じで。（写真4）

犬）けっこうしっかり焼くね。火が通ってしまうまで？

ル）うん。そうね。

普通のデビルならこの時点で8分程度の火の通り方でいいのですが今日は軟骨部分にも火を通したいのでこの時点からしっかり火を通していきます。表面にうっすら焦げ目がついて中にも十分火が通ったろうな、と言うところで

ル）出すよーー。

焼けた豚軟骨をフライパンから出してしまいます。肉から出た油や肉汁も一緒にさっきマスタード揉み込んだボウルに戻しちゃう！（写真5）

ル）次、野菜ね。

今日はここでお野菜を準備。お店でデビルに使う野菜は普段からカットして保存しているのでそこから取り出せばいいのです♪

ル）野菜ね、タマネギとピーマンと赤ピーマン……。

犬）ちょっと待って、お皿お皿。

お皿に野菜を並べます。写真撮影用！

犬）タマネギ量どれくらい？

ル）4分の1くらい？これくらいね。

ちょっと厚めの串切りにします。

ル）ピーマンは1個ずつね。

種とヘタをとって縦半分にカットした後、斜めに3等分にカットしてください。

ル）ネギね、1本！

白ネギの白いところを1本分、お鍋に入れるような斜め切りでカットしてください。

ル）ニンニクショウガね。

すでにみじん切りにしてあるニンニ

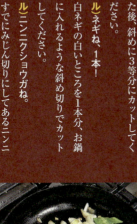

クとショウガをそれぞれスプーンでお皿にのせるルーパーさん。使ってるスプーンは大さじですが……。

犬）量は？

ル）小さじ1ずつ！

犬）小さじね？

ル）小さじ小さじ。

ニンニクとショウガのみじん切りをそれぞれ小さじ1ずつです。

犬）トマトは？

ル）入れるよー。

中くらいのトマトを2分の1。サラダに入ってるような串切りをさらに半分にしたくらいのサイズに切っていきます。

ル）じゃあ炒めるよー。（写真6）

さっきの豚焼いたフライパンをもう一度コンロにのせて今度は中火に。

ル）トマト以外ね、炒めるよーー

フライパンにニンニク、ショウガ、タマネギ、ピーマン、白ネギ、赤ピーマンを投入！木ベラで混ぜながら丁寧に炒めていきます。ネギやタマネギに半分ほど火が通り、ニンニクやショウガが薄く色づいたら

ル）豚入れるよーー。（写真7）

犬）おお、ここで一緒にするのね。

さっきボウルに出しておいた豚軟骨をフライパンに投入野菜と炒め合わせます。合わさったら次はスパイス！（写真8）

ル）チリパウダーとターメリックね！

犬）チリどれくらい？

ル）チリパウダーは小さじ半分くらい！辛くしたらもっと入れていいけどコレくらいで……。コレくらいの量がちょうどよく美味しいらしい。

ル）ターメリックはこれくらい。ちょびっと。

犬）ひとつまみ？

ル）そうね。

黄色い粉と赤い粉がフライパンに入りました。粉末スパイスは焦げ付きやすいので手早く混ぜます

ル）ソース入れるねー。（写真1）

犬）おー。

ル）まずケチャップ。大さじ2くらい！

ケチャップがちゅーーーっとフライパンの中身に注がれます。

ル）チリソースもね、大さじ2！

フライパンの上でチリソースの瓶をさかさまにして振るルーパーさん。

犬）水もちょっと入れるんだっけ？

お野菜や肉から出た水分にソースではちょっと味が濃くなってしまうのでほんの少しお水を入れてください♪

ル）トマト入れるね！（写真9）

ここでようやくトマトです。手早く混ぜて全体をなじませてください。

ル）最後にレモン入れるね。ちょっとでいいよ。

6分の1ほどにカットされたレモンを直接フライパンに絞りいれて味見。ここで味を調整してください♪

ル）できたよーー

犬）……なんか物凄くおいしそうじゃない？

ル）うん……すごいおいしそう……。

厚めのしっかり焼けた豚と彩りのキレイな野菜……ジューシイなソース……作った自分たちで言うのもなんですが物凄くおいしそう。だってルーパーさんなんかスリランカ人

で仏教徒だから基本、豚はよっぽどのことがなきゃ食べないのに1切れ自分で食べる用にとってる(笑)。と言うわけで以上、完成です。

事務所に持って帰ってK村さんと試食。

K村さん）あんまり辛くない？

一応チリパウダーいつもとかわらんくらい入れてたけどグリーンチリ入ってませんからね。あんまり辛くないかも。軟骨部分はやっぱりかたいのでそこはペッしてください。あ、顎に自信のある方はもちろんゴリゴリ噛んで食べちゃっても大丈夫です♪お肉部分は見たまんま、想像したとおりにおいしかったです……そしてお野菜も美味しくたくさん食べられてもう本当にご馳走！な一皿でした♪

デビルポークのおさらい

豚軟骨 …… 300g
塩・コショウ …… 適量
マスタード …… 小さじ1/4
酢 …… 小さじ1

タマネギ …… 1/4個
ピーマン …… 1個
赤ピーマン …… 1個
トマト …… 1/2個
白ネギ …… 白いところを1本
ニンニク …… みじん切り小さじ1
ショウガ …… みじん切り小さじ1
オリーブオイル …… 大さじ1
水 …… 適量

〈スパイス〉
チリパウダー …… 小さじ1/2
ターメリック …… ひとつまみ

ケチャップ …… 大さじ2
チリソース …… 大さじ2
レモン …… 1/6個

豚のブロック肉でも作れそうです♪

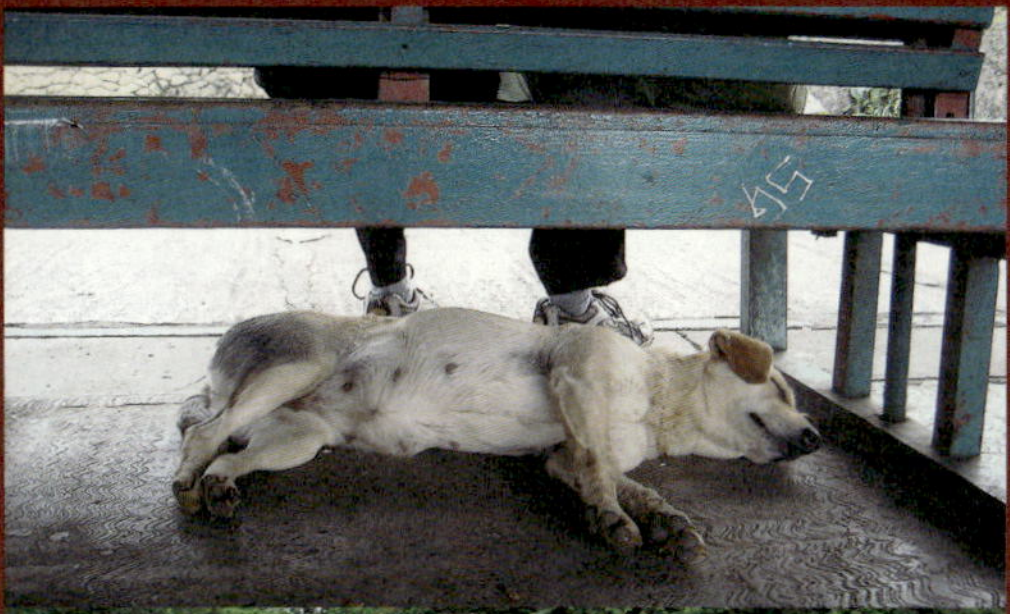

スリランカ小紀行

スリランカでは生き物をとても大事にしている。道路を横断している牛もゆったりしている。特に犬は全く無防備に目つきもとてもおっとりしていてどこでもよく寝ている。けっこう痩せているが貧相には見えない。

「デビルレバー」

今月は栄養たっぷりデビルレバーを作ってみました！

昔ヌワラエリヤではお出ししてた料理なので懐かしい。

あの頃は牛レバーで作ってたのかな？今回は豚レバーを使います。

野菜もたくさん食べられる一皿ですので女性には特にオススメ！

取材当日。豚レバー（焼肉用のヤツ）と鶏レバーを出勤の途中で購入。

ヌワラエリヤの厨房へ行きました。


犬）ルーパーさん！今日ねレバー買って来た！鶏と豚！
ル）レバー？
犬）こんなの！どう？

両方を見比べるルーパーさん。
ル）レバーね。何作ろうか？
犬）何がいいかねえ……何ができる？
ル）うーーん……
犬）デビルとか？
ル）デビルいいね！それ作りましょうか！
メニューはデビルレバーに決定！

ル）作りましょうかね！
早速冷蔵庫からバットを取り出すルーパーさん。すでに刻んであるデビル用の野菜が入ってます。

犬）お、そこから使うのね。
ル）そうね。早いね！
すでに材料が切ってあるので今日は展開が早いです。バットから材料を使う分だけお皿に取り分けて並べていきます。

犬）まずタマネギ？コレどのくらい？

すでに刻んであるのをルーパーさんがつかみ出してきたので正確な量がわかりません！
ル）あ、それね半分。
犬）タマネギ半分？
ル）そうね
タマネギは2分の1個。ちょっと厚めの串切りに刻んでください♪
ル）ピーマンと赤ピーマン1個ずつね。
もちろんヘタと種は取って縦に4等分した後、1片を3つに斜め切りにしてください。一口よりちょっと大きいくらいのサイズで！

犬)ピーマンどっちも1個ずつ？
ル)そうね。えー、次トマト。
小さなトマトを小さめの串切りにするルーパーさん。

犬)トマトは1個？
ル)ううん、コレ小さいから1個だけど普通の大きさなら半分くらい。
犬)ああ、なるほどね。

トマトは普通サイズのものを2分の1個で。
ル)次ね、ネギ1本。白いとこね。
犬)白いところだけ？
ル)そうね！
お鍋とかに入ってる白ネギの白い部分だけをお鍋に入れる時みたいに斜め切りにしてください。(写真1)
ル)あとね、欲しかったらグリーンチリ。今日は入れないね。
犬)使わないの？
ル)辛くしたかったら1本使うね。
今日は辛くしない。

犬)その方がK村さんは食べられるよね。
ル)そうね。K村ちゃんいつも辛い辛い言うね。
辛めに仕上げたかったら青唐辛子を1本刻んで入れてください。今日は入れずに行きます。
ル)はっぱ、これくらい。
もさっとつまみ出してきたので軽く数えてみました。

犬)10枚くらいあるね。
ル)そうね。それくらい。
カリーリーブスを10枚。
ル)あと、ショウガとニンニクね。
ショウガのみじん切りとニンニクのみじん切りをそれぞれスプーンに1杯ずつ。

犬)大さじ？小さじ？
ル)大さじ！
それぞれ大さじ1ずつ、みたいです。
ル)後は味付けるものね。
塩・コショウとチリパウダーとトマトケチャップとチリソース。ちょっとだけしょうゆ。

犬)それ、どれくらい？
ル)塩・コショウは……
ちょうどいいくらい(適量、と言いたいらしい)？ケチャップとチリソースは大さじ2くらい。しょうゆは大さじ1くらい。

これで材料出揃いました！おっと、忘れてた。レバーは焼肉用ブタレバーを300gです！(写真3)
ル)まずレバーをね……。
と言いながらパックを開封すると、
犬)……ニラが一緒に入ってるね。
……。レバニラ作る用に刻んだニラが同封してある親切なパックです！
ル)ニラも入れようか。体にいいよ！

急遽ニラも材料に入れることに決定。あ、入れなくてもいいですよ。一応量は半把くらいです。

ル）レバーね、塩・コショウするよ。

犬）牛乳で洗ったりしないの？

ル）うん、洗ったら臭いのが取れるけどいいよ。塩・コショウするね。

すでにレバーはスライスしてありますのでそれを小さいボウルに入れて塩・コショウを振ってもみもみ。（写真2）

ル）じゃあ焼くねーー。

フライパンを取り出したルーパーさん。炒め用のオリーブオイルを大さじ2ほど投入。強火でよーく熱しています。

ル）あんまりいっぱい焼かないね。レバーかたくなるから。（写真4）

熱くなったフライパンにレバーをどばっと入れて焼いていきます。フライ返しで丁寧に炒めるルーパーさん。

犬）どれくらい焼くの？

ル）んーー。

フライ返しをレバーにカッツン！と突き刺したルーパーさん。

ル）こうやっても血が出てこなくなったらいいよ。

だそうです。うまい具合に火を通してください！焼きすぎるとかたくなっちゃいますからねーー。で、しっかり血が出なくなるまで火が通ったところで……。

ル）外に出すねーー。（写真5）

火を通したレバーをボウルに取り出し、フライパンはガシガシ洗います！洗ったフライパンをもう一度火にかけて乾いたところでもう一度オリーブオイル大さじ2。

ル）今度は野菜炒めるねーー。

フライパンが十分に温まったところでまずはショウガ、ニンニク、カリーリーブスを投入！手早く炒めます。

ル）次、トマト以外ね。

軽く炒めたら……。

そこにトマト以外の野菜、タマネギ、ピーマン、赤ピーマン、白ネギを投入。火は中火にして丁寧に火を通します。ここでは完全に火を通さなくてOK。適度に全体がなじんだところでスパイスを入れていきます。（写真6）

ル）えーと、チリパウダーとターメリックね。

犬）量はどれくらい？

ル）チリパウダーは……小さじ半分くらい？ターメリックはちょっとだけね。（写真7）

フライパンに入れながら量を見せてくれました。チリパウダーは小さじに半分ほど。ターメリックはひとつまみ程度です。それをパラパラっとフライパンの中身に振って、手早く混ぜたらすぐに次の調味料！

ル）ケチャップとチリソースとしょうゆね。

赤いソース2種類と醤油をフライパンに投入！さらにそこにさっきのレバーも戻しますよ！（写真8）

ル）レバーも入れて炒めるねーー。

スパイスとソースが全体に絡まるように炒めながら混ぜていきます。

ル）ちょっとね、水が欲しいから水入れるねーー。

全体的にジューシィに仕上げるのですがこの時点で水分が蒸発してソースが濃くなってしまいそうなので水

をちょっと入れます。

犬）水どのくらい入れるの？
ル）50ccくらい。ちょっとだけね。
お玉にちょっとだけ水をすくってフライパンへ。ソースと野菜の水分が合わさって程よいとろみ感が……。
ル）最後にトマト入れるよー！。
犬）おお、ここでようやく！（写真9）
最後の最後にトマトを投入！トマトの形が崩れないように混ぜ炒めて全体がなじんだところでちょこっと味見をしてみるルーパーさん。
ル）おいしい。
犬）できた？
ル）できたね。
犬）わー！♪ありがとうございます！コレでデビルレバー完成です！

犬）いっぱいあるからルーパーさん食べない？
ル）うん。
ああ、豚だからね。

事務所に持って帰って早速K村さんと試食！ソースの甘辛さとレバーの甘さがマッチして物凄くおいしいです!!!レバーの匂いが苦手だと言う方は多いかと思いますがコレはスパイスと濃い目の味付けのおかげで気になりません♪とにかくレバーの甘さが引き立っている……ルーパーさんマジック！

K村女史）辛いけどね！

犬）……今日はチリパウダーちょっとだけしか入れてないですよ……グリーンチリ抜きやし……。
K）え、そうなの!?
犬）どんだけからいのだめなんですか……。

デビルレバーのおさらい

レバー …… 300g
タマネギ …… 1/2個
ピーマン …… 1個
赤ピーマン …… 1個
トマト …… 小を1個
白ネギ …… 白いところだけを1本
ニンニク …… みじん切り大さじ1
ショウガ …… みじん切り大さじ1
カリーリーブス …… 10枚
塩・コショウ …… 適量
オリーブオイル …… 大さじ2×2
水 …… 50ccほど。全体の水分量を見て加減してください

〈スパイス〉
チリパウダー …… 小さじ1/2
ターメリック …… ひとつまみ

ケチャップ …… 大さじ2
チリソース …… 大さじ2
醤油 …… 大さじ1

水加減に注意。

ソースを作りながらいためる感じで！

「デビル蟹」

今回は「前回エビだったから今回蟹。」という単純な発想で蟹を料理。蟹っつってもタラバとかそんな高いやつじゃなくてスーパーでよく売ってる渡り蟹です。あくまでもウチは庶民派志向で。ではスタート!! いつもはお店に行けばルーパーさんがいるんですけど、今コックさんたちが順番にお里帰りしているせいでシフトが変わってまして何かなかなかルーパーさんに会えませんでした。で、気付けばもう取材の2日前でした……。

犬）ルーパーさーーん!! 今月何作ろうか!?

厨房に行ったらルーパーさんいません……。

犬）……なんか勝手に買ってきてそれでなんか作ることにしよう……(←超独り言)。

勝手に決めました。担当権限です。スーパーに夜買い出しにいくと……渡り蟹1パック268円が50円引きで売られているのを発見。コレちょうどいいですね!! 購入して、翌日ヌワラエリヤに持っていきました。

犬）ルーパーさん！コレでなんか作ろう～。勝手に買ってきたよ!!

ル）蟹？

犬）うん。コレで何かできる？

ル）何にしようか……カリー？

犬）蟹カリー？

ル）デビルもおいしそうね。チリソースで炒めて……

犬）ああ、そうだね!! ……どっちにする？

ル）……デビル。

犬）デビル蟹ね!!

今月はデビル蟹。お店にいらっしゃったことのない方にはナゾの単語でしょう。ツナパハ、ヌワラエリヤの名物料理でたくさんのお野菜と一緒にお肉や魚介などをスパイスとトマトケチャップやチリソースに絡めていためるデビルシリーズという料理があるのです。名前や、見た目の赤さに反してそれほど辛くはありませんん♪

犬）ルーパーさーん!! 作ろーーー。

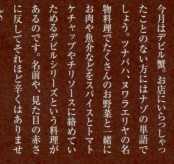

ル）うん!!
蟹を出してきたルーパーさん。あ、渡り蟹は足と爪のついた部分が胴体の真ん中からむしられた状態のが6個、3匹分入ってました♪

犬）ああ、書いてあったね。
ル）これバーレーンの蟹ね。
表示にバーレーン産って書いてあったのですね。まあ普通の渡り蟹です。夜にそこらへんの浜に行ったら泳いでそうなやつ。さて、ルーパーさんが料理用の小槌を出してきました。
ル）殻をちょっと割るね!
犬）ほうほう。

思いっきりじゃなく軽く爪や足の殻をとんとん叩いて割っていきます。

犬）食べやすくする？火を通りやすくする？
ル）そうね。火が通りやすくなるね。
犬）お出汁もいっぱい出そうだね。
ル）そうね。おいしくなるね!!
殻に一通りヒビを入れたらボウルに入れて流し台に。汚れや殻の欠片を軽く水で洗い流します。よく水気を切ったら……。（写真1）

ル）塩・コショウとレモンね。
塩とコショウをパラパラ。レモンの果汁を軽く絞りかけます。
ル）塩はね、元々蟹に味がついてるからちょっとでいいよ。
犬）ふーん。
ル）タマネギ3分の1個ね。
犬）タマネギ3分の1。ちょっと厚めのくし切りにしてください。
ル）ピーマン1個。フツーの半分。赤ピーマン半分ね。
犬）は？緑のピーマン2分の1、赤ピーマン2分の1？
ル）うん。あわせて1個。
犬）ああ、そういうことね。

ピーマンはそれぞれ斜めに3～4等分くらいにカット。タマネギと同じく一口よりちょっと大きめくらいに大きさを揃えてください。（写真3）
ル）次、白ネギ。1本ね。
犬）白ネギの白いところだけね？
ル）そうね。白いところだけ1本。コレも斜めに、よくお鍋とかに入ってるくらいの大きさにカット。
ル）次、カリーリーブス。

犬）えらい今回多くない？もっさりあるよ？
ル）葉っぱが小さかったから！ホントは10枚くらいでいいよ。
犬）ショウガとニンニクは？小さじ？
ル）小さじ1ね。
犬）ショウガのみじん切りとニンニクのみじん切り、小さじ1ずつです。
ル）グリーンチリ！1本。
青唐辛子を1本、やっぱり斜めに3～4等分に切ります。
ル）後はターメリックとチリパウダーを小さじ2分の1ずつね。（写真2）
これでだいたいの準備は整いました。
ル）じゃあ焼くよ～。
大きめのフライパンを出してきたルーパーさん。強火にかけます。
ル）油。大さじ2くらい。
炒め用のオリーブオイルを投入。全体にまわしてから……、
ル）まず蟹ね。
蟹を一気に投入!! 炎が上がってます!! 中華料理みたい!! 勢いよく炒めていくと段々蟹が赤くなってきました。（写真4）

犬）蟹が赤くなってきたよーー！

ル）そうね。

犬）これ、どれくらい焼くの？

ル）半分くらい。

半分程度火が通ればOKってことらしい。この時点では完全に火を通したりはしない模様。

ル）一回出すね～

赤くなって半端に火の通った蟹を最初のお皿に戻します。

犬）あら。出しちゃうの。（写真5）

ル）うん。

フライパンを洗ったらもう一度火にかけて乾かし、炒め用油をちょこっと入れてから……

ル）野菜全部入れるね。

お皿にのせてた残りの材料、正確にはタマネギ、ピーマン、赤ピーマン、白ネギ、ニンニク、ショウガ、青唐辛子、カリーリーブスを一気に投入!! あ、ちなみに火は中火です。（写真6）

ル）炒めるね。

勢いよくジュワーー!!っと炒めていきます。1～2分炒めたところで

ル）蟹入れるね!!

蟹を再びフライパンの中へ。炒める炒める!! 全体がなじんだところで（ほんの1～2分）（写真7）

ル）チリパウダーとターメリック入れるね!!（写真8）

分量分のチリパウダーとターメリックをフライパンにパラパラ。入れたらまた炒めます。全体によくスパイスが行き渡るようにしっかり混ぜながら炒めて……

ル）ケチャップね!! 大さじ2。（写真9）

トマトケチャップを大さじ2ほど投入。続けて

ル）チリソースも大さじ2。

スイートチリソースを大さじ2投入。さらに……

ル）醤油。これはちょっと。

軽く1回、回しかける程度に醤油を入れました。コレを手早く混ぜながら炒めて全体になじんだところで

ル）水!! 入れるよ～。（写真10）

犬）水!?

ルーパーさん、お玉（一般家庭でよく使われてるのと同じサイズ）を出してきてお水を1杯すくうとフライパンの中へ！コレも混ぜてなじませます。

ル）あ、トマト忘れてた！

犬）ええ～～！ホントはもっと早く入れとくの？

ル）ううん。ここで入れるの。

犬）トマトどれくらい？

ル）半分ね。

と言いながらトマト2分の1を手早く3等分のくし切りにしてそれもフライパンの中へ。

ル）後はね～蟹が煮えるまで待つね。

犬）なるほどね。

火は中火くらい。火を入れすぎると野菜がヘナヘナになってしまいますので注意です。

ル）蟹、1回ボイルしてもいいけどね。

犬）先に1回茹でちゃうほうがいい？

ル）う～ん……でも大丈夫ね。

犬）こっちの方が蟹の出汁が出て美味しくない？殻も叩いたしさ～。

ル）そうね。ボイルしなくてもいいよ。

下茹でしなくてもいい、ということで結論が出ました。万歳。で、軽く

かき混ぜたりしながらしばらく火を通して（その間、水分が飛んでしまったらちょこっと足したりしてください）。待つこと数分……。

ル）できたよー。（写真11）

ちょこっと味見して……、

ル）美味しいよ!!

蟹の赤と野菜の緑、ソースの赤でなんとも美味しそうな見た目に香り!! 横でみてたスタッフが韓国料理のケジャンみたい!! って言ってます。まさにそんな感じ。

犬）うわ〜〜すごーい!!

ル）できあがりね!!

以上、完成です〜。

お弁当箱につめてもらってK村女史と事務所で試食。蟹の出汁がなんともいい風味!! めちゃくちゃ美味しいです。渡り蟹なので、**手が汚れるの覚悟で噛んでしゃぶって食べてください！**最初に叩いて殻割ってありますので殻はむきやすいはず。チリパウダー小さじ2分の1も入れたんでルーパーさんが「K村ちゃん辛いかもね」って言ってましたが、K村女史もまあ普通に食べてました。やっぱり辛かったそうですが……（笑）。

デビル蟹のおさらい

渡り蟹 …… 肩部分を3匹分
塩・コショウ …… 適量
レモン果汁 …… 少々

タマネギ …… 1/3個
ピーマン …… 1/2個
赤ピーマン …… 1/2個
白ネギ …… 白いところだけを1本分
カリーリーブス …… 10枚
ニンニク …… みじん切り小さじ1
ショウガ …… みじん切り小さじ1
青唐辛子 …… 1本
トマト …… 1/2個

オリーブオイル …… 大さじ2とちょこっと

〈スパイス〉
ターメリック …… 小さじ1/2
チリパウダー …… 小さじ1/2

ケチャップ …… 大さじ2
チリソース …… 大さじ2
醤油 …… 少々
水 …… 80ccほど

蟹を叩く時は殻で怪我しないように、
身をつぶさないように気をつけてくださいね!!

「デビル鮭」

今回はなぜかシャケです!!季節感なくてすみません!!
なんでシャケになったかというとまあ……
いつもの行き当たりばったりなノリでそうなっちゃったんですが(涙)
ミスユニバース日本代表を食事面からサポートされてるという方が
シャケ食えシャケ!ってテレビで仰ってました。
どうやらとても美容にいいらしいですよ♪

犬)ルーパーさん!今月は何作って教えてくれる??

ル)何か安いもの?

犬)スーパーでなんかテキトーに買ってきてイイ?

ル)いいよー!。

今回もワタシに選択権がゆだねられました。で、取材の前の晩にスーパーに行くと……なんかあんまり目ぼしい物がない。とりあえず安い、時期的に旬?これでなんか作ったら面白そう、な物を探して・シャケ切り身4切れ・アボカド1個・大葉1パック・オクラ2パックを購入。この中からルーパーさんに選んでもらいましょう。

で、それを持ってヌワラエリヤの厨房に。私の持ってきたものを見てなんか苦笑気味のルーパーさん。

犬)いや……シソで何か作れたら面白いかなーって思ったんだけどさ……シソで何か作ったことある?

ル)ないよ!

さすがにないらしいです。そりゃそうか。

犬)とにかく!この中から選んでね。1個でも2個でもいいし。

ル)うん。

お店はランチタイムに突入。私はツナパハへのおつかいに行き……。3時ごろに戻ってきました。

犬)ルーパーさーん!作ろう!どれ使う??

ル)魚にしようか!

犬)鮭ね。

ル)デビルにする。

1

2

3

デビルシャケ！デビルサーモン！なんかいいですねえ。野菜もたくさん取れて鮭をガッツリ食べられそう。

ル）じゃあ作るよー

犬）はーい。

カメラとメモ紙持ってまな板のところにGO！

ル）まず魚切るね。

市販のシャケの切り身×4枚を真ん中から真っ二つ。切り身は8つになりました。

ル）これに塩・コショウねー。

お皿に切り身をのせるとコショウから順番にふりはじめました。（写真1）

ル）シャケ、ちょっと塩ついてるから塩はちょっとでいいよ。

犬）ああ、そうねえ。

塩・コショウをふったら次は……

ル）レモン絞るね。

レモン6分の1個をぎゅっと絞って鮭に振り掛けるルーパーさん。まんべんなく塩・コショウレモンをからめるように裏表ひっくり返して軽く手でなすります。

ル）次は野菜ね。

犬）OK〜〜。

ル）じゃあまずタマネギ。

皮剥いて半分になったタマネギを持ってきたルーパーさん。

ル）タマネギだいたい4分の1ね。

犬）それを……くし切りにするのね？

ル）うんそう。

タマネギはちょっと厚めのくし切りにしてください。厚さ……1㎝弱くらい。ちょっと食べ応えがあるカンジで！

ル）次、白ネギね。1本。

犬）白いとこだけね？

ル）そうね。

お鍋とかに入れる白ネギの白い部分だけをやっぱりお鍋に入れる時みたいに斜め切りに切ってください。

ル）次、ピーマンね。

縦に半分に切って種を取ってから片方を3つに斜め切り。1個のピーマンを6つに切ります。

犬）ピーマンは6等分だね。

ル）次、赤ピーマン。

犬）でか!!

ルーパーさんが持ってきた赤ピーマン、でかいです!! 大きめのマグカップくらいあるよ!!

ル）これは大きいから4分の1ね。

犬）普通の大きさなら？

ル）小さいのだったら1個ね。

さっきのピーマンと同じように斜め切りで。全体的にだいたいどれも同じくらいの大きさに切り揃えてあります。一口よりちょっと大きいくらい。

ル）唐辛子1本ね。

犬）はいはい。グリーンチリね。

青唐辛子を1本。これもいつもよりはちょっと粗めに斜め切り。

ル）トマト！

犬）どれくらい？

ル）半分ね。

トマト2分の1。くし切りにしてください。だいたい4等分くらい。

犬）ニンニクとショウガは〜？

ル）1ずつ！（写真2）

犬）大さじ？小さじ？

ル）小さじ。

ニンニクのみじん切りとショウガの

みじん切りそれぞれ小さじ1ずつです。

ル)カリーリーブス。

テキトーにつまんでもさもさっとお皿にのっけるルーパーさん。

犬)んん〜〜??何枚くらいだ?15?

ル)そうね。

犬)テキトー言ってるやろ。

って言うか15枚とかいいながらさらに何枚か追加するルーパーさん。

犬)20枚だね!!

カリーリーブス20枚くらい!!

ル)あとスパイスね。チリパウダーとターメリック。

写真も撮らなきゃいけないので小さなお皿を用意。

犬)チリパウダーは?

ル)チリパウダーは小さじ半分。これくらい。

すくった赤い粉をお皿にのせる。

犬)ターメリックは〜?

ル)これくらい……小さじ4分の1ね。

チリパウダーよりちょっと少なめの黄色い粉。

ル)あとはトマトケチャップとチリソースね!大さじ2ずつくらい!

瓶とチューブでドンと出してきた!2つともフツーに市販されてるものです。(写真3)

ル)じゃあ作ろうか。

フライパンを出してきたルーパーさん。中火にかけて……

ル)油大さじ2くらいね。

炒める用のオリーブオイルをフライパンにチューっとそそぎます。フライパンが温まってきたところで……

ル)まず魚焼くね!

下味をつけたサーモンをフライパンに並べます。かき混ぜたりして炒めたりはしません。片面ずつ火を通していきます。表面に軽く焦げ目がつくくらいに焼けたら……(写真4)

ル)出すね!

犬)へ、お皿に戻すの?

焼けた鮭は一度フライパンから出してさっきの下味のお皿にでも何にでも分けておくみたい。

ル)油はそのまんまね。

フライパンは洗わず、鮭を焼いたそのままの油で今度はお野菜を炒めていきます。材料をフライパンにどばーーっと入れるルーパーさん……。と(写真5)

ル)トマトだけ後ね!

フライパンに入っちゃったトマトだけ取り出してます……。フライパンに入れたのはタマネギ、白ネギ、ピーマン、赤ピーマン、グリーンチリ、ニンニクのみじん切り、ショウガのみじん切り。フライがえしでタマネギとかをばらばらにしながら炒めていきます。全体に油とにんにくショウガがなじんでタマネギが若干しんなりしてきたかな?ってところで

ル)チリパウダー入れるね。

火を弱火にしてチリパウダーとターメリックを投入!(写真6)

ル)焦げるからね。火は小さく。

犬)あ、そうね。なるほどね。

チリパウダーは焦げ付きやすいので注意です!全体になじむように手早く混ぜると、わりとすぐ、10秒ほどで……

ル)ケチャップとチリソース!

そして元々ちょびっとしか入ってな

かったチリソースの瓶にちょこっとお水を入れて振って……

ル）ホントはチキンブイヨンがあったらそれ入れるんだけどないから水入れるね！（写真7）

犬）ええーーーー！

うん。ある意味いつもどおり。私たちのレシピはアバウトです!! あ、お水は100ccくらいでヨロシク。

ル）魚も戻すよーー

さっきお皿に戻した焼いたサーモンもフライパンに投入。サーモンがばらばらになっちゃわないように注意しながら軽く混ぜて、全体がなじんだところで

ル）最後にトマトね。

ここでやっとトマトを投入。

犬）後は待つだけ？

ル）そうね。魚に火が通ったらいい。弱火で10分ちょっとね。

さっき入れた水分がぐつぐつ言ってます。

ル）これが減ったらいいよ。

犬）ふーん……。

しばしフライパン前に立って待ちます。その間も焦げたりしないようにサーモンの型崩れに注意しつつフライがえしでちょいちょいつついたりして全体を少しずつ動かすカンジで混ぜていきます。（写真8）

ル）そろそろいいよ。ホラ、水減った。これくらいね。

水分が確かにちょっと減ってチリやスパイスと野菜や鮭のダシが溶け出したトマト風味のソースになっています。これは旨そうだ!!

ル）できたね。（写真9）

ちょっと味見したルーパーさん。

ル）辛いよ！

犬）それK村さん泣くじゃん！

さて、事務所にもらって帰ってK村女史と試食。

犬）何かルーパーさんが辛いとか言ってましたよ。

と一応伝えはしましたが試食するのは私たちの義務です。K村さんファイトォ！

本来はムニエルや塩焼きにするであろう厚手の鮭の身がボリュームあってなかなかに食べがいのある料理です。ジューシーな野菜も最高！そ・し・て……確かに何だか辛い！

犬）ルーパーさんの言うとおりだわあ。

と思いながら食べていたらむこうのK村女史の机の方から

K）これからいよーーーーーーお茶入れようかーーー？？

と悲鳴が聞こえてきました……。K村さん……。

デビル鮭のおさらい

鮭 …… 切り身4枚
塩・コショウ …… 適量
レモン …… 1/6個

タマネギ …… 1/4個
白ネギ …… 白いところだけを1本
ピーマン …… 1個
赤ピーマン …… 1個
青唐辛子 …… 1本
トマト …… 1/2個
ニンニク …… みじん切り小さじ1
ショウガ …… みじん切り小さじ1
カリーリーブス …… 20枚

オリーブオイル …… 大さじ3

〈スパイス〉
チリパウダー …… 小さじ1/2
ターメリック …… 小さじ1/4

ケチャップ …… 大さじ2
チリソース …… 大さじ2
チキンブイヨン（なかったら水でもいいです）…… 100cc

鮭に塩がついてる時は調味料は控えめに。
チリパウダーは焦がさないように注意!!

スリランカ料理の出汁の根源が香辛料だったのは驚きだった。オープン時から30年、一緒にやってきたコックのルーパーがひたむきに仕事に取り組む姿にはやはり老練な職人の風格を感じる。長年彼の作る料理を食べてきているが、彼の繰り出す香辛料の使い方にはなぜか不思議なマジックが潜んでいるみたいだ。

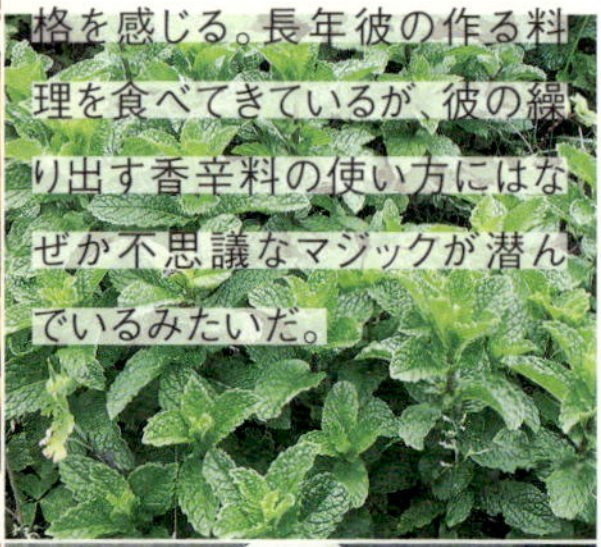

TUNAPAHA《ツナパハ》・Nuwara Eliya《ヌワラエリヤ》 サイドメニュー

「チキンスパイスソテー」

今回は夏休み中ってことでルーパーさんに「子どもでも喜んで食べる辛くない、元気になる料理」ってことでリクエストしたら作ってくれました！チキンスパイスソテー！

今回は唐揚げでよく使う手羽元で作ってもらいました。

ルーパーさんが何買って来てもいいよ～とは言ってくれたものの何年もやってると奇抜なネタ食材も尽きてくる……と思いつつスーパーに寄ったら手羽先と手羽元が安く売ってました！

カリーもいいですがこれでスタミナのつく、子どもも飛びつく一皿を作ってもらえたら……てことで購入決定！

ヌワラエリヤの厨房に突入。鶏肉をルーパーさんに見せました。

犬）あのね。手羽先と手羽元買ってきた！
ル）てば？
ビニール袋を開封して「ああ、これね」とわかったみたい。
ル）これで何作る？
犬）今ね、夏休みだから家に子供いるから子供でも食べられるあんまり辛くないチキンの料理教えてもらえたらお母さんのお客さん喜ぶよ。
ル）辛くないの？ んーースパイスソテー？ 店でも出してるけどアレ辛くないよ。
犬）いいねえ！それがいい！
ル）じゃあそうしようか。
メニューはチキンスパイスソテーに決定！お店ではモモ肉を使うんですが今日は手羽元。
ル）骨あるからコクが出るね。
犬）からあげに使うところだからねえ。ドラムスティックって言うの？

ル)鶏の持つところね。

犬)そうそう。手で持って食べるところ〜。子供喜ぶよ。

鶏の持つところ……。うんまあそうですね。

それでは調理開始!まずは手羽元に下ごしらえを施します。手羽元は7本。これを水で軽く洗って小さなボウルに入れたら、

ル)塩・コショウとマスタードクリームねー。

マスタードクリームってのは要するにフツーのマスタードのことです。スパイスとしてマスタードシードも使うことがあるので普通の黄色いマスタードはマスタードクリームと呼称するらしい。

犬)混ぜるの?

ル)そうね!(写真3)

軽く塩・コショウ&大さじ1ほどのマスタードを手羽元にもみ込みます。マスタードで薄ら黄色く染まった手羽元をとりあえず放置。その間に野菜など他の具材を用意します。

ル)タマネギからねー、タマネギ半分。

中くらいのサイズのタマネギを2分の1。ちょっと厚めの串切りにしてください。

ル)白ネギもね。白いところだけ1本くらい。

鍋料理に入れる白ネギの下の白いところだけを1本分お鍋に入れるときと同じように斜め切りにしてください。

ル)ピーマン半分〜赤ピーマンも半分ね〜。

ピーマンを2分の1個、赤ピーマンを2分の1個それぞれ一口大よりちょっと大きめに斜め切りにしてください。そしたらだいたい3等分くらいになるかな?

ル)ニンニクとショウガね。

犬)ん?それニンニクとショウガ?

みじん切りしたものをルーパーさんが出してきたんですが何かどっちも同じような色味で……(いつもはショウガの方が黄色っぽい)同じものに見えますよ……。

ル)同じじゃないよ!ニンニクとショウガね。

みじん切りの小さいのをよく見たら確かにチガウっぽい。

犬)わかった。ショウガとニンニクね。

これ大さじ?

ル)小さじで半分ずつ!

ニンニクのみじん切りとショウガのみじん切り小さじ2分の1ずつです。

ル)あと、トマトね。半分!

中くらいのトマトを半分他の野菜と同じくらいのサイズに刻んでください。

ル)あ、カリーリーブス入れるよ!カリーリーブス。

犬)葉っぱね。

またいつものようにルーパーさんがてきとーにつまみ出してきたので

犬)何枚?15枚くらい?

ル)ん、いや、10枚くらいね。

出しすぎた葉っぱは瓶に戻しました。材料はこれで全部。(写真1)あとは少量のスパイスとココナッツミルクなのですがそれはまた後で……。(写真2)

ル)じゃあ作ろうかー。

少し大きめのフライパンを用意したルーパーさん。オリーブオイルをひきます。

犬）油大さじ2？

ル）そうね。

だいたいいつもそれくらい（笑）。火は中火でフライパンをしっかり温めたところで最初に用意したマスタードまみれの肉を焼いていきます。（写真4）手羽元なので焼きにくいですが丁寧に表面を焼いて「だいたい半分くらい火が通ったかなーー」ってところで。

ル）水入れるよーー。

犬）水!?ちょびっと？

ル）いや、もうちょっと多め。

100ccほどのお水をフライパンに投入します。お肉が軽く浸るくらいの量。（写真5）

ル）これでフタするよ〜。

犬）煮るの？

ル）そうね。

ここでフタして煮込んで完全に火を通してしまうようです。

ル）だいたい15分〜20分くらいね。水がなくなるまで。

犬）けっこう煮るねえ……。

で、煮てる間にココナッツミルクを準備します。カリーではないのでいつもよりは少なめ。

犬）ココナッツミルクどれくらい？

ル）んーー、大さじ2くらい。

小さなボウルに大さじ2杯のココナッツミルクパウダー。そこにお湯を注ぎます。

ル）お湯は50ccくらいね。

泡立て器で混ぜてきれいに溶かしてください。で、フライパンに戻ります。中の様子を見て、水分がすっかりなくなってチキンにしっかり火が通っているのを確認したら。

ル）ニンニクショウガからね！

そのまま引き続きフライパンの中に材料を投入して一緒に炒めて行きます！まずはニンニクとショウガのみじん切りから。手早く混ぜながら炒めてすぐにトマト以外の野菜＆カリーリーブスを投入！（写真6）

犬）あ、チキンスパイスソテーになってきた。

ル）ねえ〜〜〜。そうね！

やっと炒め料理っぽくなってきました。丁寧に混ぜながらネギやタマネギにある程度火が通るまで炒めたところでようやく先ほど後回しにしたスパイスを入れます。（写真7）

ル）まずターメリックを……小さじ4分の1くらいね。

黄色い粉を小さじ4分の1、フライパンの中に振り入れます。

ル）あとクミンパウダー。これくらい。

ルーパーさんの大きい手で2つまみ。女性の手なら3〜4つまみほどでしょうか。パッパッとそれもフライパンの中へ。

軽く炒め合わせて、さらにそこに

……

ル）ココナッツミルク入れるねー。

さっきボウルに作ったココナッツミルクを回しかけるようにフライパンの中に投入ターメリック、クミンと合わさってカレーみたいな色になります（写真8）。

ル）ここでトマト入れるよーー。

ココナッツミルクを入れてからトマ

トを投入。これ大事。（写真9）

ル）とろとろになるまでもうちょっと煮るね。（写真10）

フライパンの中でカレーソースを作りながら具材に炒め絡めて行く感じで中火のまま火にかけ続けます。すぐに水分が飛んで、ソースにとろみがついてきますのでそこで味見して、塩・コショウを足してください。味見をしたルーパーさんはというと……。

ル）うん！おいしい！

最後にレモンを絞りいれます。

ル）これくらいねーー。

レモン6分の1個を直接フライパンに絞りいれて……。

ル）できた！

犬）おおーーー！おいしそうね！

ル）おいしいよ！

以上、チキンスパイスソテーの完成です！

一緒に持っていった手羽先はルーパーさんが手羽先チリチキンにしてくれたのでそれも一緒に事務所に持って帰っていつものようにK村さんと試食……と思ったらこの日はオーナーと一緒に今、住宅の設計の仕事をやっている建築設計士のKさん（男性）が図面を引きにいらっしゃってました！ので一緒に召し上がっていただくことに。尋ねてこられたお客様に手羽先や手羽元を出す会社……（笑）

Kさん）おいしいですね！なんか元気になる感じ！

犬）冷たいもの食べるよりスパイスが効いた辛いものの方が体の代謝はよくなりますよ。

K村女史）今日は辛くない……♪

犬）夏休み中のメニューだから辛くない子供が喜んで食べそうな料理ってルーパーさんに頼んだんで。

K村女史）ああ、そうね！なるほど〜。

辛くない、カレー風味のソースたっぷり、野菜もたっぷりのチキンスパイスソテー。これなら汁気の少ないカレーのノリでお子さんもたくさんお野菜を食べてくれそうですよ！ゼヒ一度お試しください♪

チキンスパイスソテーのおさらい

手羽元 …… 7本。2〜3人前
塩・コショウ …… 適量
マスタード …… 大さじ1

タマネギ …… 1/2個
白ネギ ……白いところだけを1本分
ピーマン …… 1/2個
赤ピーマン …… 1/2個
トマト …… 1/2個
ニンニク …… みじん切りを小さじ1/2
ショウガ …… みじん切りを小さじ1/2
カリーリーブス …… 10枚
オリーブオイル …… 大さじ2
レモン …… 1/6個

水 …… 100cc
〈スパイス〉
ターメリック …… 小さじ1/4
クミンパウダー …… ふたつまみ

〈ココナッツミルク〉
ココナッツミルク …… 大さじ2
お湯 …… 50cc

「チリチキン」

ツナパパ、ヌワラエリヤでの超人気定番メニュー
「チリチキン」です。これもビールのおつまみに合う合う!!

犬)今日はチリチキンですね。人気メニューなので皆さん喜ぶかも。
ル)まず鶏肉を切るね。200g……180～200gくらいね。
犬)それ胸?
ル)もも!
犬)皮は?
ル)そのまんま。
犬)鶏もも肉180～200gを皮ついたまんま、だそうです。皆さん。
ル)コレを切る。……これって何cmくらいかな?
犬)えー、3×5cmってとこですかね。
ル)まあいいや。全部で10個に切り分けるカンジで!
犬)大雑把な……。
ル)で、塩とコショウ。バッバッっと振り掛ける!
犬)塩は2つまみよりちょっと多いくらい。コショウもいわゆる「少々」よりは若干多めです。
ル)それからチリパウダー小さじで1ね。このさじだから。
犬)ああ、いつもの小さじですね。すりきりじゃないですよ～。盛りで1です。
ル)それから醤油も。これくらい。
と言いつつ醤油差しで2回ほどじょばーっといきました。
犬)卵かけご飯にかけるよりちょっと多めくらいの量です。
ル)で、ちょっと混ぜて15分くらい放っとく。(写真2)
犬)えー、それはまんべんなく味がつくように軽く全体を混ぜ込んで味がなじむように15分ほど寝かせるといい……ってことですね?
ル)そう。で、その間に油を用意。冷たい油ね。
犬)えーと、フライパンに揚げるための油を入れました。お肉がひたひたになるくらいの量です。
ル)で、この中に肉を入れてから火にかける。強火でね。
犬)ピリカラ豚足でもご紹介したやり方です。冷たいままの油の中に肉を入れてからフライパンを火にかけてください。だんだん油が熱くなってピチピチ爆ぜて「揚げ物してます」って感じになってきたところで……。(写真3)
ル)こうやって箸で転がして。一面だけが焦げたりしないようにね。
と炒める時のような要領で菜ばしで油の中の肉を転がします。
犬)……スリランカってお箸ありましたっけ?
ル)ない!
犬)えー、じゃあルーパーさん日本に来てから覚えたんだ(ルーパーさんはヌワラエリヤに勤めて20年)!
ル)そう。でも箸、便利ね!
犬)まあねえ……棒2本でモノがつかめるんですからねえ……。
ル)スリランカに帰った時、自分で作ったよ!
犬)えー!!
ル)竹削って!すごい便利!
犬)へえー……。
ル)そろそろいいかな。油捨てるよ。
犬)ああ、ハイハイ。フライパンの揚げ油を捨てます。ご家庭では油缶に戻しましょう。(写真4)
ル)で、ここにニンニクショウガを……。
またもやすばやくパッパと入れていく。
犬)ニンニクとショウガはみじん切りを小さじ1ずつですね?
ル)そうね。
ル)で、ニンニクとショウガが茶色くなるまで炒める。
激しくフライパンを振って炒める炒

める!! ニンニクとショウガが茶色く色付いてきたところで……。

ル)はい、ここでカリーリーブス! ばっと入れちゃった!!

犬)あー!! 今の何枚入れました?

ル)えーと7……10枚くらい。

犬)7~10枚ね。

ル)それからチリパウダー。小さじで半分くらいだけど……。(写真1)

犬)「辛くしたかったらもっと入れていい」ですね?

ル)そう!

さらにフライパンをふりながら

ル)香り付けの醤油とレモン!

犬)醤油は前回と同じく醤油差しで軽く1回まわしかける感じ。レモンも毎度のごとく小さじ1くらいですね?

ル)そう。

相変わらずルーパーさんはくし型8分の1くらいのを直接絞ってますが。

ル)はい。できた~。

犬)やったー!! 美味しそう!!

事務所でオーナー、K村女史と3人で分け合いました。

K村女史)初めて食べるけど美味しいねえ~!!

K村女史……勤続年数長いはずなのに事務担当なため、カリー以外の料理にありつけた経験がホボないという……。このチリチキンも小エビ同様ビールのおつまみにも良く合いますよ!! アツアツを食べるのがオススメです。

1

2

3

4

【材料のおさらい】

〈材料①〉

鶏モモ肉 …… 180~200g 皮ついたままで!!

塩・コショウ …… 適量

チリパウダー …… お好みの量

醤油 …… 醤油差しで2回し。大さじ1と1/2くらいかと

揚げ油 …… 肉を入れたフライパンにヒタヒタになるくらい

〈材料②〉

ニンニク …… 1片をみじん切りにするとちょうど1さじ分くらいになります

ショウガ …… 同じくみじん切りにして1さじ分

カリーリーブス …… 7~10枚ほど

チリパウダー …… 小さじ1/2

醤油 …… 醤油差しで1回し。大さじ1くらい

レモン汁 …… 小さじ1くらい。ルーパーさんは1/8の大きさのくし型に切った生の果実を直接絞りかけていました

鶏肉を揚げる時は
冷たい油から

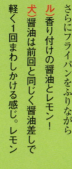

「スパイシーグリルドチキン」

今日はスリランカのお正月にちなんでご馳走肉料理!!
宗教的に牛や豚を食べられない方が多いスリランカではチキンがご馳走なんですよ〜。

犬)あのね。4月はお正月だしなんかご馳走作ろうよ〜〜。
ル)いいよ。
犬)お正月って何食べる?やっぱチキン?
ル)そうねえ……。
犬)デビルチキンもチリチキンも作ったしな……あのさ、チキン焼くってどう?
ル)焼く?
犬)炒めるんじゃなくて焼くの
ル)フライパン?
犬)スリランカには網……ないやろ?
ル)ない。
犬)じゃあフライパンで。
ル)いいよー。
というわけで、チキンを焼くことになりました。

そして取材3日前。
犬)ねー。チキンのね、何買ってきたらいい?モモ?ムネ?
ル)モモ。
犬)モモね。わかった。
取材前日にモモ肉を2枚購入。翌日ルーパーさんに渡しました。そして取材開始!!
ル)皮はぐ?
犬)どっちでもいいけど……。
ル)今回はね、はいだ方がいいね。
モモ肉の皮をべろっとむきます。モモ肉はお肉だけ状態に。はいだ皮は湯引きして鳥皮酢にするなり揚げて鳥せんべいにするなり……気持ち悪いと食べない女性が多いですがコラーゲンたっぷりの部位なので女性にこそ捨てずに食べていただきたい……!

ル)切るね。4分の1。
犬)縦横に切って4分の1、ね。
一口よりちょっと大きいくらいの大きさのが合計8切れになりました。それをお皿に並べると……
ル)塩、コショウ、レモンをかけるね。
犬)ここで先に味付けか!!(写真1)
コショウは適量、塩は多めにふたつまみほど。レモンは半分に切ったのを直接絞りかけます。
ル)ひっくり返して……
裏表、まんべんなく塩、コショウ、レモンが行き渡るように皿の上でお肉を軽く混ぜてます。コレで下準備は終わり。
ル)フライパンに油を……大さじ1

1

2

くらいね。

大きめのフライパンに炒め用のオリーブオイルを大さじ1入れました。コンロの火は強火。油を全体にまわしてフライパンが熱くなったところで……。

ル）焼くよー!!

モモ肉を1切れずつ、キレイにフライパンに並べて行きます。ジュワー!!っと焼ける音が!! ここでちょっと火を小さく。中火くらいに落とします。（写真4）

フライ返しを取り出してきたルーパーさん。肉を角っこで上からグサグサ刺している……。

犬）何？刺すの？

ル）火が通るようにね。（写真5）

中心部分まで火が通るように、外側だけ焼き過ぎにならないようにグサグサ穴を開けている模様。お肉を叩いてやわらかくするのと同じ効果もあるみたいですねえ。グサグサ刺しながら数分、片面だけをじっくり焼いています。

ル）焼き色がつくくらいになったらひっくり返すね。

犬）ん？どれどれ……。

焼いていた方の面は完全に火が通り、うっすら焦げ目が……ってところでひっくり返します!!

またグサグサ刺しながら待つこと数分。

ル）両面ともしっかり焼けたらちょっと火を小さくして。

犬）もう中まで焼けた？

ル）ううん？まだ中までは焼けてないよ。最後に焼ければいい。

最終的に完全に火が通るように焼き加減を調節している!! この時点では完全に火が通らなくてもいいらしいです。フライパンの火は弱火にして、まな板に向かうルーパーさん。

ル）タマネギ4分の1!! みじん切りね。

犬）え!! 今からか!! 4分の1みじん切りね。

ル）ニンニクとショウガのみじん切りも大さじ1ずつ。

犬）ニンニクショウガを大さじ1ずつ……ね（メモメモ）。

いつもの定番、タマネギのみじん切り4分の1個とニンニクショウガのみじん切り、大さじ1ずつを手早く用意すると……（写真3）

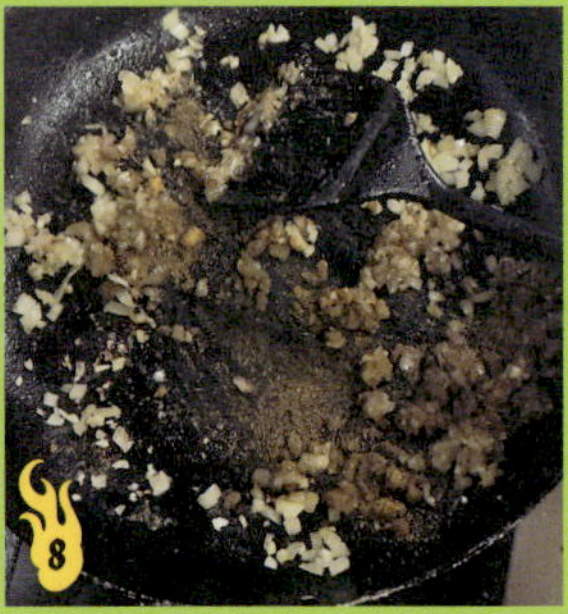

ル)肉を出すね!!(写真6)

犬)え?ああ、フライパンから出すのね。

弱火のフライパンから肉をひとまずお皿に出しました。フライパンはコンロにのせたまま。

ル)油を足すね。大さじ?

犬)そこに足すのね?

ル)そう。

焼いた肉から出た肉汁が残ったままのフライパンにオリーブオイルを大さじ1ほど足します。

ル)バターとかでもいいよ。

犬)ふんふん。

再び火を中火にして、そこにさっきのみじん切りたちを一気にIN!!炒めていきます。(写真7)

ル)茶色くなってきたらね～。スパイス入れるよ。何入れる?

ナゼ私に聞くのか……。

犬)え?カリーパウダー?

ル)うん、カリーパウダーは入れるね。

私がカルダモンとか言ったらどうする気だったのか……ちょっと気になりますが(笑)カリーパウダーを出してきたルーパーさん。

ル)カリーパウダー大さじ1ね。

軽くひとさじ。フライパンの中へ。

ル)ターメリック!!これくらい。

犬)小さじに……4分の1?(写真8)

ル)そうね。小さじ4分の1。

フライパンの中に黄色い粉も入れると軽く炒めてからすぐに……、

ル)チキンブイヨン入れるね!!(写真2)

犬)チキンブイヨン!?イキナリか!!

ル)うん。ここにあるし。

実は……さっきから調理していたコンロの横でスープだとかカリーだとか、お店で使う用のチキンスープをどでかい鍋に入って煮出し中だったのです!

ル)これくらい。

お玉ですくってチキンブイヨンをフライパンに入れるルーパーさん。

犬)これは……だいたい1カップくらい?

ル)そうね。

おさらい。今フライパンの中には炒めたタマネギ、ニンニク、ショウガ、カリーパウダー、ターメリック、そこにチキンスープが1カップ入った状態です。(写真9)

ル)肉を戻すよ～。

犬)おお、ここで合体ね。

汁気あふれるフライパンの中に一度取り出した肉を再びIN。(写真10)

ル)火を小さくしてフタするね。

犬)弱火でフタ、ね。

ル)だいたい15分くらい。

犬)ふんふん。

しばし待ちます。ルーパーさんは時々フタ開けてはまた肉をグサグサ刺してます。火にかけているうちに段々水気が飛んできて……

犬)ああ!これで汁気がなくなってソースになるのか!

ル)そうそう。(写真11)

約10～15分、スープ状にさらさらしていたのが煮詰まって少しとろみがついてる……?ような状態になったところでちょっと味見。塩を足して……

ル)ハイ。できたよー。

犬)おおーー。おーいーしーそー

うー!!

煮詰めてソース状になったスパイスの香りが物凄くイイ!

ル)これならK村ちゃんも食べられるよ!!

確かに。チリパウダー入れなかったもんね!! 香りはスパイシーですが全然辛くないはず。

以上、完成です~。

事務所にもらって帰って、オーナー、K村女史と3人で分けました。ルーパーさんの相変わらず抜群の火の通し加減!! グサグサ刺したせいもあるのでしょうか、スーパーのお肉ですけど結構柔らかく焼けてます!! 何よりソースの香りがすごい! 皿なめちゃうよ!というのはウソですが(笑)どうぞお試しください!

スパイシーグリルドチキンのおさらい

鶏モモ肉 …… 2枚
塩・コショウ …… 適量
レモン …… 1/2個

タマネギ …… 1/4個
ニンニク …… みじん切り大さじ1
ショウガ …… みじん切り大さじ1
オリーブオイル …… 大さじ2
チキンブイヨン …… 200cc

〈スパイス〉
カリーパウダー …… 大さじ1
ターメリック …… 小さじ1/4

お肉に火が通り過ぎないように注意!!

スリランカ小紀行

ジェフリー・バワの別荘、展示品の中に有田焼の鉢を見つけたときは何か胸騒ぎがした。

「手羽先チリチキン」

暑い日のおかずにぴったりかも!今回は人気メニューのチリチキンを手羽先で作ってみました!!

辛さとチリパウダーの香り高い風味が暑い夏にぴったり!ビールも進むことでしょう。

スパイスさえ揃えば簡単に作れますのでぜひチャレンジしてみてください!


犬)ルーパーさーん。今月何作ろうか。
ル)何がいいかねえ。
2人でしばし考える。と、ふと頭に浮かんだのが数日前に発売されてTVでもCMしてる某有名唐揚げファーストフード店の辛口チキン。

犬)ねえ、ルーパーさん。手羽先買ってきたら何か作れないかねえ?
ル)手羽先?作れるよ。チリチキンとか?
犬)手羽先でチリチキン?作れる?
ル)前作ったことある。
なんとも魅惑的じゃないですか!手羽先チリチキン!

犬)おいしそうだねえ!それ作ろう!手羽先買ってくればいい?
ル)うん。

今月のメニュー決定。当日、スーパーに寄って手羽先をゲット。1パックに4本くらいしか入ってなかったんで足りないかなーと思い2パック買ってみることに。それをヌワラエリヤの厨房に持っていきました。

犬)ルーパーさん、はーい。てばさきーー。

2パックあるのを見て
ル)全部作る?
犬)多かった?1パックじゃ足りなさそうだったから。
ル)ああ、そうね。
犬)じゃあ後でまた来るね!
ル)わかったーー。
いったん解散。ランチタイムの混雑がひけた頃を見計らってカメラを持ってまた厨房を訪ねます。

犬)ルーパーさん来たよー!
ル)つくろっか。
料理開始。取り出してきたのはさっきの手羽先8本。
ル)先だけ切るね。
犬)へ、先っぽ食べないの?
ル)ん?食べてもいいけど……切るよ。
手羽先の「く」の字に曲がってるところに包丁を入れて真っ二つにします。

犬)先っぽはいらない?
ル)使うよ。
他の料理やチキンスープのだしを取るのに使うのでしょうか。
ル)入れる?
犬)うん。もったいないし。そこも美味しいよ。(写真1)
ル)じゃあ入れようか。
とりあえず切り離してしまってから手羽先はボウルの中に。
ル)まず塩・コショウね
犬)少々?
ル)そうね。
軽く塩とコショウをふってから……。
ル)チリパウダーね。だいたい小さじ1杯。
手羽先にまぶします。赤が目に痛い!(写真4)
ル)次、醤油ね。(写真3)
醤油を全体に1回、軽くまわしかけます。
ル)でコレを混ぜるね!
手で混ぜ混ぜ。醤油とチリパウダーのせいで白い手羽先が赤茶色に染まりました。(写真5)
ル)本当はね、10分くらい置くんだけどね。時間ないからこのままいく。
犬)ああ……ほんとうは10分くらいここで寝かせるのね。
ル)うん、そう。

たぶんテレビとかの料理番組ではここで「コレが10分寝かせた手羽先でーす」ってちゃんと出てくるんでしょうけどすみません。はしょります。

フライパンを出してきたルーパーさん。揚げ物鍋に入った揚げ物用の油を出してきました。何かこの油……赤い……チリパウダー色してます。

犬）これ……チリチキン揚げる用の油？

ル）そう。

なんで油が赤いのかといいますとチリチキンの作り方のせいなんです。続きを参照すればわかるはず。

ル）揚げるよー。

犬）コレ……なんかいつ見ても信じられん……フライパンに張った油の中に手羽先を全部投入。（写真6）

まだフライパンは火にかけてません。油は冷たいまま。チリチキンってスパイスをまぶした後、素揚げをするのですが冷たい油の中に入れて、それから加熱していくのです!! ので、チリパウダーの色が溶け出して油は真っ赤！もちろんこの油は他の料理には使えませんのでチリチキン用の揚げ油になっちゃうのですね。

さて、フライパンを強火にかけまして手羽先を揚げていきます。冷たいところから揚げていきますのでしばらく時間がかかるのですがルーパーさんはその間に……。

ル）ニンニクとショウガね。

ニンニクとショウガのみじん切りを用意。

犬）小さじ1杯ずつくらいかな？

ル）そうね。どっちも小さじ1くらいね。

カリーリーブスね。これくらい。

犬）……20枚くらいかな？

ル）そうね！それからレモン。

レモンを1個出してきたルーパーさん。必要な大きさだけ切り分けます。

犬）6分の1くらいかな？（写真2）

ル）そうね。

コレで準備は完了。手羽先が揚がるのを待ちます。（写真7）だいたい中まで火が通ったらOK。火が通ってるのを確認したらいったん火からフライパンを下ろして、チキンは入ったまま……。

ル）濾すね!!（写真8）

柄つきのざるを利用してさっきの赤い油の入ったお鍋に濾して油を戻す!! 毎度のコトながら大胆だ……

フライパンには揚がった手羽先だけが残ってます。それをまたガスレンジの上に戻して……火は弱火に。

ル）ニンニクとショウガ炒めるよー

さっき用意したニンニクとショウガのみじん切りを投入。手羽先に絡めながら炒めていきます。ニンニク、ショウガが色づいてきたところでカリーリーブスを投入。全体に絡ませ

ながら炒めて、ここで……

ル)チリパウダーね。ひとつまみくらい。

ここでもう一度チリパウダーを投入。換気扇の真下でやってるんであんまりくしゃみが出ません！ご自宅で作る時は換気扇はフルドライブ、窓全開をお勧めいたします。フライパンをゆするようにして手羽先に絡めていってください。(写真9)

ル)辛くしたかったらもっと入れていいよ。

犬)いや、これはいいよ……K村さんが泣くから。

全体があっという間に辛そうな色に……!! あまり火を通しすぎるとチリパウダーはこげちゃうのでコレくらいでカンベンしてあげましょう。

ル)醤油少々ね

小さじ1杯ほどでしょうか。醤油を入れます。ジューって音がして香ばしい匂いがチリの刺激臭に混じって何とも言えず美味しそう!!

ル)最後にレモンね。

レモンの果汁を絞りいれて……

ル)できた！

犬)おお～～

本当にいい香り！作り方から想像つきますが辛いですたぶん！夏のスタミナメニューとしてはもってこいですね!!

以上、完成です～。

事務所にもらって帰ってK村女史と試食……と思ったら郵便局の営業の方が2人、お見えになっていてお2人とも物凄い辛党だ！と仰るのでお出しすることに(営業先で辛いからあげを勧められるとは思わなかったでしょうね……)。出したK村女史が「美味しいって喜んで食べてたよ!!」もちろんそのあと自分は泣きながら食べてました

☆もも肉で作る定番のチリチキンもいいですが骨付きの手羽先だと香ばしい皮と骨付きの肉の旨みがよりいっそう引き立って本当に暑い夏にはぴったりです!!

【材料のおさらい】

手羽先 …… 8本
塩・コショウ …… 適量
チリパウダー …… 小さじ1
醤油 …… 醤油差しで1回し

ニンニク …… みじん切り小さじ1
ショウガ …… みじん切り小さじ1

カリーリーブス …… 20枚ほど
チリパウダー …… ひとつまみ
醤油 …… 小さじ1
レモン …… 1/6個

揚げ油 ……
フライパンいっぱい

鶏肉を揚げる時は冷たい油から

ヌワラエリヤの内装について

浄水通りで10年ほど営業し1年ほどのブランクののちに縁あってけやき通りの眺めの良い2階の現在の場所に移転営業することができました。この建物を初めて見た時、天井が高いと思いました。広いガラス面を通して眺めるけやき通りの印象がとても新鮮でした。けやきの緑もとても素敵に感じました。

まず思ったことは壁と天井はコンクリート打ちっぱなしのままとして床の仕上げはフローリングとビニール系タイルと、一部の床はコンクリートのままで行こうと思いました。

その頃、事務所にむやみに買い込んだ本が山積みされていて事務所に来る友達から「床が抜けますよ」と脅かされていましたのでこれをどうにかしようと思い付いたのが、壁面に本棚を作り溢れてる本を移動させることで一石二鳥を狙いました。

照明もスタンド照明を使い、天井からの照明は最小限に抑えました。椅子とテーブル、カウンター、大テーブルは浄水通りからのものを極力使い、平面計画で無理のある所のテーブルと椅子は新しくしました。客席の中央に設置したパラソルはそのまま持ってきました。30年たち相当に古びていますが愛着があります。時々手持ちの版画を架け替えたり、趣味で買いそろえた椅子などを取り替えたりして遊んでいます。

コックたちの作るヌワラエリヤ独特のスリランカカリーとともに空間も楽しんでいただけたらと思っております。

「ピリ辛豚足」

ヌワラエリヤで毎月開催されている「家庭料理の会」でも大人気のピリカラ豚足。ビールのおともにぴったりな人気メニューの作り方をご紹介します。

犬）さあ、ルーパーさん!! 豚足作りましょう!!

ル）まずね、豚足を1本と半分用意ね。これがウチで出してる一皿分の量。

犬）え？うわ、丸々1本の豚の足って初めて見た。

スーパーで売ってるのは既に半分に切ってあるんですね。

ル）そう。で、これを切るね。

肉切りの分厚い包丁を取り出してズバンズバンと一口大に……（写真1）

犬）……。

ビビってます。

ル）関節のトコとかを狙うと切りやすいね。

ズバンズバンとまだやってる。

犬）足半分がだいたい5個くらいに分かれましたね。1本半で15個ってとこですか。

先っぽの蹄も切り落としましょう。

ル）これにスプーン1杯のチリパウダーと塩を振って……これって小さじ？

犬）小さじよりちょっと大きいですね。小さじなら2杯くらいかも。

ル）で、コショウもちょっと振ってよく混ぜる。

白い豚足がチリパウダーで赤くなりました。

ル）次にフライパンに油を入れて、さっきの豚足を入れてから火にかける。冷たい油から入れるね。で、火は強火。（写真3）

油の量は豚足が浸るくらいです。

犬）ふーん……珍しいっちゃ珍しいやり方。

ル）こんな感じになるまで強火で揚げるね。ほら。（写真4）

見せてくれてます。

犬）表面の皮がパリパリって感じ。

ル）揚がったら火から降ろして油を捨てる。（写真5）

で、そのまま炒めはじめる。

犬）展開早いなあ。フライパンも具材も油も温まってるから。（写真6）

ル）すぐに味付け。

細かくみじん切りにしたニンニクを1さじ！同じように刻んだショウガを1さじ！カリーリーブスも!!（香辛料の一種。枯れた小さい葉っぱにしか見えませんが香りがチガウ！）

犬）え、これ何枚くらい？20枚くらいですかね？（写真2）

ル）そうね！で、もう一回さっきと同じくらいのチリパウダー。辛くしたい時は増やしていいよ。塩はひとつまみね。醤油を軽くまわしかけて、最後に小さじ1くらいのレモン汁

1

2

3

を振って、はいできた！（写真7）
お皿に盛る。

犬）フライパン1つですぐできた！
すごい。

向こうでスタッフの女の子がチリパウダーの香りと煙にむせて、くしゃみしまくってました。ご家庭でチャレンジする時は、窓全開換気扇フルドライブでどうぞ。ちなみにでき上がったものは犬が1人で美味しくいただきました♪うま〜♪

ピリ辛豚足のおさらい

豚足 …… 1本半
チリパウダー …… 小さじ2
塩・コショウ …… 適量

ニンニク …… 1片をみじん切りに。するとちょうど1さじ分くらいになります
ショウガ …… 同じくみじん切りにして1さじ分
カリーリーブス …… 20枚ほど
油 …… フライパンに半分くらい

〈仕上げ用〉
チリパウダー …… 小さじ2
塩 …… ひとつまみ
醤油 ……適量。大さじ1くらい
レモン汁 …… 小さじ1くらい。ルーパーさんは1/6の大きさのくし型に切った生の果実を直接絞りかけていました

「フライドマトン」

今回は簡単お手軽おつまみ系。フライドマトンです。
スナック感覚でいただけるお肉の揚げ物!!
クミンの香りが香ばしさと相まって本当に美味しいですよう♪

犬)あのね、最近○○のカリーとか××の炒めみたいなのばっかりだから今回は何かもっと別の……揚げ物とかどうかな?

ル)揚げ物……ボール(クリケットボールのこと)とか時間かかるよ?

犬)ん~……リゾットとか温まるものも作りたいけどあれはまずスープ作ってご飯炊くところから始まるからねえ……。

ル)あ!フライドマトンは?あれすぐできるよ!!

犬)おお!そっか!じゃあ今回はそれで行こう!!

取材開始。

ル)これがマトンのスライスね。

犬)うおう。生肉だあ!何gくらいですか?

ル)200gね

犬)200gのマトンのスライス、だいたい……マグロの短冊2枚分くらいの大きさに切ってあります。あ、厚さはマグロの短冊と同じくらい。(写真1)

ル)羊も最近はどこにでも売ってあるからね!!だから高くなった……。

犬)ああ、なんかジンギスカンとかはやってましたもんね。

ル)で、ボウル!!

犬)いきなりですか!!

なんかどんぶり大のボウルに生肉を移しました!!

ル)生卵をね、半分ね!!

と、冷蔵庫から取り出したのはお椀。中には溶き卵が入っていました。それを生肉に直接タラ~っとかけて……

犬)溶いた生卵を2分の1個分、生肉にかけるんですね?(写真3)

ル)そうそう(と言いながら混ぜてます)。それから塩・コショウね。

犬)もうここに入れちゃうんですか。

ル)うんそう。

犬)塩はふたつまみくらい……?要するに適量ってやつですね?

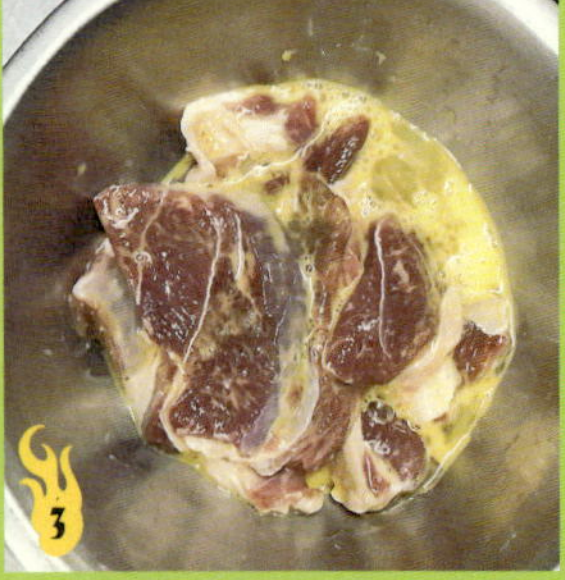

ル)コショウも塩も少々ね。それからクミン！

犬)お、料理教室で使うの初めてじゃないですか!! どれくらい？

ル)小さじに4分の1？

犬)小さじ4分の1ね。ふんふん。(写真2)

コレを全体に絡むようによーく混ぜています。

ル)次、ここに小麦粉ね。大さじ2分の1くらい。

犬)ここに直接入れちゃうんだ!!

ル)うん(言いながらかき混ぜて……)、ちょっと足りなかった……。

結局小麦粉を足しています。

犬)これって結局小麦粉大さじ1杯ですよねえ……。

ル)ああ、そうね。それからレモン汁!! ちょっと!!

犬)レモンを軽く絞ってください。小さじに2分の1もあれば十分!!

ル)あと醤油!! ちょっと!! (写真4)

犬)これも軽くまわしかけるくらいで。小さじ1～2分の1くらいです。

以上をよ～く混ぜました。生肉に薄ら茶色い溶き小麦粉の衣がついている状態。(写真5)

ル)で、パン粉ね。

パン粉を広げたバットに肉を一枚ずつ、丁寧に衣を着けていきます。(写真6)

ル)さあ、揚げるよ～。

レストランの厨房にはフライヤーという便利なものが……ご家庭ではフライパンに油を入れるか天ぷら鍋をご用意くださいませ。

ル)180℃の油で揚げるよ!!

パン粉をまとった肉を1枚ずつ熱い揚げ油の中に投入!! 待ってる間フライヤーの前で雑談……。

ル)これねえ……ショチュ？に合うよ～。ショ……シャ……？

犬)……焼酎？お酒ってことですか？

ル)そうお酒!! ショウ……チュウ？

犬)焼酎。

ル)ショウチュウ。合うよ～。

ル)これにレモンを絞って……はいできた!! 美味しいよ(すでにつまみ食い)!!

犬)じゃあ私も！

以上、完成です～。

初使用のクミン、ヌワラでもツナでも粒のものを自分たちで挽いて粉にしてから使っています。マトンは最近手に入りやすいし、健康志向の方にもオススメのお肉。ルーパーさんの言うとおり、ゼヒおつまみにどうぞ!!

【材料のおさらい】
羊肉(マトン)のスライス
…… 200g
生卵 …… 1/2個
塩・コショウ …… 適量
クミンを粉末にしたもの
…… 小さじ1/4

小麦粉 …… 大さじ山盛り1
レモン果汁 …… 小さじ1/2
醤油 …… 適量
パン粉 …… 適量

材料さえ揃えば
あっという間に
できます!!

4

5

6

「小エビの辛口揚げ」

取材開始1時間前……。

犬）今日何作ります？

ル）ん〜……カリーはちょっと時間がかかるよねえ……

ヌワラのスタッフ・ヨーコさん）私、家でチリチキンとか小エビとか真似してみるけど。

ル）小エビいいかもね！すぐできるし。

ヨ）ビールのおつまみとかにいいんですよね!!

犬）じゃあ小エビに決まりね。

ル）わかった！じゃあ準備しとくね!!

というわけで急きょメニューは「小エビの辛口揚げ」に決定いたしました。

ル）今回は簡単。生の小エビを用意するね。125g。冷凍ものなら解凍して。

犬）えーと、頭はとってありますけど殻はついたままですね。柴エビ……かな？（写真1）

ル）コレを揚げる。180℃くらいで。とっととエビを油の中に投入。

犬）早ッ!!（写真4）

ルーパーさんは何も言いませんでしたがコレ芝エビです。

ル）その間に他の材料の準備ね！タマネギのみじん切りを大さじ3。

犬）みじん切りってより超みじん切りって感じです。フツーのみじん切りをさらに細かく切ってください。

ル）で、次にニンニクのみじん切りを小さじ1！ショウガを1さじ！あとはカリーリーブスね。（写真2）

ル）そろそろエビが……。油から出す。（写真5）

犬）おお！パリパリそう!!ちょうどイイカンジに揚がってますね！

ル）（エビの油をきっている間に）じゃあ炒めはじめるよ。

フライパンを温めて。カリーリーブス（＆エビ）以外を全部入れる。（写真6）

犬）特にフライパンに油は引きませんでしたね。後で入れる揚げたエビの油で十分ってことか。

ル）タマネギが茶色くなるまで軽く炒めてからエビを入れるね。

犬）ハイハイ。

ル）軽くあわせたら味付け。塩、コショウは少し（塩なんかはひとつまみしか入れませんでした）。あとチリパウダーは小さじ1。コレは好みで増やしていいよ（と言いつつ1さじ半ほどさらに入れる！）。（写真7）

犬）ちょっと……！好みって言いませんでしたかー？ぐはッ……（チリパウダーを炒めると発生する刺激臭にむせ出す）。

ル）全体によく絡まるように炒めてから最後にカリーリーブスと醤油とレモン汁ね。コレはもう香り付け程度で。

犬）醤油は醤油差しで軽く1回まわしかける感じ。レモンはいつものごとく……

ル）小さじ1くらい（と言いつつ、くし型8分の1くらいのを直接絞ってます）。（写真3）もう一度軽く混ぜて、はいでき上がり！

犬＆ヨ）ゲホッ……グホ……（まだむせています）。

換気扇フルドライブもしくは窓開け放つといいですよ。お皿に盛り付けて

ヨ）おお〜、1ついいですか（つまみ食い）？

ヌワラエリヤスタッフN原さん）僕も僕もください。

バリバリ食べだす一同……。

ヨ）ビール！ビール欲しくなりますね！

N原）ご飯にも合いそうですよ。

ヨ）ああ！うん、そうねえ！

その間にルーパーさんが残りを持ち帰りお弁当箱に詰めてくれました。いつものごとく事務所でK村女史と私とでキレイに完食。

チリパウダーの量の割に辛さは普通。スパイシーさと香ばしさがマッチしたスナック感覚の料理です。単品で食べるよりはご飯やビールの御供にオススメ。かなり簡単ですのでゼヒ挑戦してみてくださいませ!!

【材料のおさらい】

芝エビ …… 125g。頭だけとってください

揚げ油 …… 適量

タマネギ …… 中くらいを1/6ほど。超絶みじん切りに

ニンニク …… みじん切り小さじ1

ショウガ …… みじん切り小さじ1

塩・コショウ …… 適量

チリパウダー …… お好みの量

炒め油 …… タマネギなどを炒める時に焦げ付かない程度にフライパンに塗布

カリーリーブス …… 20枚ほど

醤油 …… 適量。大さじ1くらい

レモン汁 …… 小さじ1くらい。ルーパーさんは1/8の大きさのくし型に切った生の果実を直接絞りかけていました

「オニオンサンボール」

家庭料理の会でも大人気!! スパイシーな料理の付け合せにぴったりなサラダ感覚の生野菜のマリネ(風……?)料理です。

1

2

ル)さあ作ろうか!

と言いながら包丁を研ぐルーパーさん。タマネギのスライスを作るのですから切れ味は大事大事。

犬)まずタマネギですね。けっこうでかいかも……。

ル)半分使うよ。

犬)大きめのタマネギ半分ですね。

ル)それからトマトを4分の1ね。

犬)コレもけっこう大きめ……。

ル)それからグリーンチリを1本と鰹節。

犬)鰹節、前よりも多め……?

ル)あとレモンと塩とコショウね。じゃあ切っていくよ。

犬)ハーイ。

タマネギ、鰹節、グリーンチリ、トマト、レモンは6分の1くらいの大きさ。(写真1)

ル)まずタマネギはぜーんぶ薄くスライス。鰹節は……(写真2)

犬)100円の消しゴム1個くらいの量の鰹節を「みじん切りよりちょっとでかいかな〜」くらいの大きさに刻んでください。削り節じゃない、カタマリのやつですよ〜。

ル)で、グリーンチリを。

犬)斜めに3㎜くらいで刻んでください。

ル)最後にトマト。(写真3)

犬)コレも薄くスライスですね。4分の1のくし型状のものをさらに8分の1のくし型×2にした後、縦に薄くスライスしてください。

ル)で……ボウルに入れるよ。トマト以外!

犬)トマト以外の刻んだ材料をボウルに投入。手で混ぜます。(写真4)

ル)そしてレモンを絞って……コレ

くらいの大きさ。4分の1くらい?

犬）もっと小さくないですか?

ル）6分の1くらいかね。コレを絞って混ぜる。あと塩・コショウね。

犬）コレは好みでどうぞ～。

ル）最後にトマトを入れて軽く混ぜる。かるーくね。もう美味しいよ。

とおもむろに味見。

犬）早ッ!!

ル）もうちょっと塩入れよう……レモンも……はい、できた。（写真5）

犬）あっという間でしたね……。

事務所に帰ったら誰もいなかったので仕方なく1人で試食。

レモンやトマト、味付けも塩・コショウというシンプルさが爽やか……なんですがグリーンチリが効いてて辛味もけっこうあります。コレだけ食べるというよりはやはりカリーの付け合せにどうぞ。コレとライスとスリランカカリーを混ぜこぜにして食すと天国っす!!

生のタマネギは血液サラサラ効果がありまして、インドの人があんなに暑いのに健康に過ごしているのは、どんなに暑くてどんなに汗をいっぱいかいても生のタマネギを丸かじりする習慣のおかげで血液がサラサラだから……という説があるほど。

いや、ホントです。

これから暑くなっていく中、ぜひご家庭でも取り入れてみてはいかがでしょう♪

オニオンサンボールのおさらい

タマネギ …… 大きめを1/2個
トマト …… 大きめを1/4個
青唐辛子 …… 1本
鰹節 …… 削ってないやつ。
丸節の端っこを2～3cmくらいの量
塩 …… 適量
コショウ …… 適量。普通の「少々」よりはちょっと多めに加えてください
レモン汁 …… 小さじ1/2くらい

タマネギは水にさらしたりせずにそのまま使ってください

「にんじんサンボール」

今回はさくっと簡単に作れて栄養もたっぷり、爽やかなサンボールです。ヌワラエリヤでは家庭料理の会でよく食卓に上る一品。今回はあまりスパイス使ってません!! 辛くもないので安心!! 料理教室取材の日は決まってましたが何時からという約束はしないまま当日、15時過ぎにヌワラエリヤに行きました……。すでに私もルーパーさんも一仕事終えてフラフラしています……。

犬)今日何作りましょうか……?

ル)何も考えてなかった……。

犬)ここんとこカリーとかばっか作ってたから簡単なのがいいや。メニューにのせてないやつでもいいと思う。何かないですか?

ル)じゃあ……にんじんサンボール?

犬)あ、それいいね!! にんじんサンボールでいきましょう!!

実は私……メニューやメルマガ、チラシの文章でよく「にんじんサンボール」という言葉はタイプするのですが実物を食べたことがありませんでした。ので興味津々。

ル)じゃあ作ろうか!!

犬)早!! ちょっと待って!! メモ!! (メモ紙取りにダッシュ!!)

ル)……。

無言でスライサーを用意。

犬)……にんじんは1本ですか?

ル)うん、そう。(写真1)

犬)にんじんけっこう大きめのやつを1本用意してください。皮をむいたら……。

ル)……。

無言でスライサーで千切り状態に。

犬)一本丸々千切りに。スライサーを使うと早くて便利!!(写真2)

ル)次タマネギ。

犬)どれくらいですか?

ル)4分の1ね。みじん切りにするよ～。

犬)タマネギ4分の1をみじん切りですね……。

と、ルーパーさんの手元を凝視。

ル)うん、そう。

普通のみじん切りの上からさらに包丁を入れて粉微塵切り状態に!!

犬)そんな親の敵みたいに……。

ル)それからグリーンチリね。

犬)1本ですね。

ル)コレもみじん切り。

1

2

と言いながらガンガン切る!!

犬)にんじん以外が今回けっこう細かいですよね。

ル)はい次!鰹節!

犬)コレはどれくらい?

ル)5gくらい。

と言いながらカタマリをごりっと包丁で削る削る。削った後さらに軽くみじん切り。そしてルーパーさんは削った後の残った大きい鰹節を近くにあったトースターの中にしまいました……。

犬)ちょっと!どこに入れてるんですか!

ル)ん?濡れなくてちょうどいいから。

犬)……。

ちゃんと保管する場所に片付けるまで一時的に置いておくのにちょうどいいんだそうです……。

ル)後はココナッツファインね。大さじ1と半分。

犬)大さじ1.5ですか。

あ、ココナッツファインというのは乾燥させたココナッツの実を細かく削ったもの。中華料理の点心に出てくる御餅にまぶしてあったりしますね。一見パン粉に見えます。

ル)あとは塩・コショウとレモン。レモンは4分の1くらいあるといい。

犬)材料はコレで全部ですね。チリパウダーとかは今回入れないんだ!

ル)じゃあいくよ!切った材料を全部ボウルに入れて混ぜる!!(写真3)

犬)え、一気に全部入れちゃうんだ!!

あ、塩コショウレモン以外ですよ皆さん!!

ル)混ざったら味付けね。塩とコショウとレモンを入れて混ぜて……もうちょっと塩ね。

犬)味を見ながら塩・コショウは加減してくださいね。

ル)はい!もう美味しいよ!(写真4)

犬)もうできたんですか!ホントに簡単だった……。

以上、完成です~。

にんじんのマリネ風サラダ……になるのでしょうか。本当に簡単にできました。

カリーや他のスパイシーな料理の付け合せにどうぞ♪カリーとご飯と一緒に混ぜて食べても美味しいです。

細かく刻んでますし、爽やかな味付けの上にフレッシュなレモンやココナッツファインの香りでにんじんの独特のにおいは全く気になりません。カロチン丸ごと食べられてヘルシー!!コレで完成!!

【材料のおさらい】

にんじん …… 大きめを丸々1本

タマネギ …… 中くらいを1/4個。粉微塵に切ってください

青唐辛子 …… 1本

鰹節 …… 5gくらい。カタマリを軽く刻んだもの

ココナッツファイン …… 大さじ1と1/2

塩・コショウ …… 適量

レモン汁 …… 大さじ1杯くらい。果実1/4を絞り入れるといいですよ

材料は全部細かく刻んでください。
コレが雑だと野菜のクセや匂いが気になっちゃうので。

「三つ葉サンボール」

今月は新たな試み!! 三つ葉でサンボールを作ってみました!!
サンボールというのは……サラダ感覚のふりかけ……みたいなものなのでしょうか。
生野菜を細かく刻んで作って、ご飯やカリーと一緒に食べるのです。
いや、作り方は簡単なんですが、お店でもあまり試したことのないメニューです。
この季節、家庭料理の会に登場する人気メニューに「セリのサンボール」がありますが
「セリで作れるんなら三つ葉でもいけるだろう」という単純な思いつき。
普段あまりメインでもりもり食べる食材ではない三つ葉を香りはそのままに
もりもり食べられるメニューです。どうぞお試しください!!

犬）あのね。コレでサンボール作れないかね?

近所のスーパーでGETした三つ葉、2株で100円でした。

ル）できるよ! おいしいよ!

というわけで今月は三つ葉のサンボールに決定!! デジカメの設定をいじっているうちにルーパーさんが材料を揃えてくれました。

犬）タマネギのみじん切り、どれくらい?

ル）4分の1ね。

こっちがカメラに気を取られている間にまたもや親の敵のように細か～く刻んであります。

犬）えー、鰹節は……。

タマネギと同じくすでに刻んである鰹節のカタマリ。

ル）10g。みじん切り?

犬）みじん切りよりはちょっと荒いような。とにかく小さく刻んでください。削り節じゃなくて鰹節。カタマリを。

ル）後ね、塩・コショウと、ココナッツファイン。

犬）塩・コショウは少々、ね。ココナッツファインはどれくらいですか?

ル）40g。

ココナッツファインってのはココナッツの繊維を細かく刻んだもの。よくドーナッツとかにまぶしてある白いパン粉みたいなヤツです。スーパーの製菓コーナーとかに行ったら売っ

てある!!

ル)グリーンチリは1本。これもみじん切りね。

いつもよりは細かく輪切りにしてそれを半分にしてます

犬)三つ葉は?どれくらいあった?

ル)100g!!

根っこの部分を切り落としてから軽く洗って水気をよく切ってさらに茎や葉の間のゴミを丁寧に取り除いています。

ル)あとレモン。これくらい……4分の1?

犬)4分の1個ね。今日は材料これだけ?少ないなあ……。(写真1)

ル)あのね。三つ葉どういう風に切ろうか?

犬)ん?どゆこと?

ル)スリランカ風はね、みじん切りにするね。でもシャチョーはもうちょっと大きめに切るのが好きみたい。

犬)ああ、ちょっと大きめに刻むと確かにサラダ感覚になるね。セリとか三つ葉とかの食感を楽しみたいなら大きめもいいかもしれんけど……。

ル)フツーはね、みじん切り。

犬)そっちの方が他の材料と切り方とか大きさ同じになるから混ぜる時なじみやすいんじゃない?

ル)じゃあみじん切りにする。(写真2)

犬)OK。

ル)じゃあ切るよ～。

ザックザック、三つ葉の束をみじん切りにするルーパーさん。ココらへんは好みで好きな大きさに刻んでいいそうです。全部刻んでしまったら……。

ル)次ね、三つ葉以外の材料を混ぜるよ。

犬)あ?三つ葉以外?

ル)うん。

ココナッツファインの入ってるボウルにみじん切りのタマネギ、塩・コショウ、鰹節、グリーンチリを投入!!手でまんべんなく混ざるまでよーく混ぜてます!!

ル)で、最後に三つ葉と混ぜる。

ちょっと大きめのボウルに入れた三つ葉の中に今混ぜた「三つ葉以外その他大勢」を投入!!さらに手で混ぜる!!(写真3)

ル)ココでレモンを入れて……混ぜる。

レモン果汁を絞って入れてます。

ル)味見して、レモンと塩を足してね。

と言いながら足りないと思った分、ガンガンレモンを搾り出すルーパーさん。

犬)最初に言った4分の1個っていったい……。3分の1個ぐらい用意してたほうがいいかもしれません……。

ル)はい!できたよ!キレイネ!!

犬)ホントねえ!!

三つ葉の鮮やかな緑色と真っ白なココナッツファインがとても目に鮮やかです。この季節、スパイスの効いた料理の付け合せに最適!!以上、完成です～。

事務所に持って帰ったところ、早速シャチョーにつまみ食いされました……。

オーナー)ウン、おいしいじゃない!!

混ぜて食べるためにルーパーさんがご飯も持たせてくれたというのに。

【材料のおさらい】

三つ葉 …… 100g。2株でそれくらいでした
タマネギ …… 1/4個
鰹節 …… 消しゴム半分くらいのサイズのカタマリ。10g
塩・コショウ …… 適量
ココナッツファイン …… 40g
青唐辛子 …… 1本
レモン果汁 …… 1/3個分くらい

セリで作ってもおいしいです!!

「ポテトテンパード」

今回はポテトテンパードです。
ちょっとスパイシーな粉吹き芋……ってカンジの料理。
ツナパハヌワラエリヤでは単品メニューでおなじみです。
約束した時間にヌワラエリヤに行くと洗い場に
ものすごい量のお皿!! お店の中はお客さんでいっぱい!!
料理教室どころじゃありませんでした……。

犬)ちょっと手伝いますね!!

おもむろに皿を洗い出す私。ルーパーさんは注文の料理をどんどん作ってます。

そして30分ほど経過……。

ル)まだー?

厨房の奥から呼んでいる。

犬)ちょっと待って……まだ……皿が……(洗うの遅い)。

スタッフのヨーコさん)もういいよ!! ルーパーさん待ってるし。落ち着いたから。

犬)そうですか……じゃあ……。

またもや並んだ皿にはすでに材料とスパイスが並んでいます。

ル)準備した!

犬)ああ、すみません。

ル)じゃあ説明しようか。これイモね。先に茹でた!(写真1)

犬)これ量はどれくらいですか?

ル)300gね。

犬)じゃがいも300g。皮をむいて芽を取って前回と同じく一口よりはちょっと大きめサイズに切ってから茹でてください。(写真4)

と……、要するにこの時点でお芋に完全に火が通ってます。

ル)タマネギ4分の1……

犬)今日は半月切りですね。タマネギの大きさは?

ル)コレくらい。

1

2

3

犬)けっこうでかいな……大きめのを4分の1ですね。
ル)それからコレ、ニンニクとショウガね。
犬)みじん切りにしたニンニクとショウガですね。分量は小さじ1?
ル)うん、そう。
犬)ニンニクとショウガのみじん切りを小さじ1ずつです。
ル)それから鰹節。10gくらいね。
犬)コレもいつものごとく。削り節じゃなくて削る前のカタマリを軽く刻んだヤツを大さじ1だそうです。
ル)はっぱ!10枚くらい!
犬)カリーリーブスが10枚くらい……と。
ル)シナモンね。コレ。
犬)スティック状のを3㎝。1本です。で……?これはフェヌグリーク?
ル)そう。小さじ4分の1。
犬)グリーンチリは1本ですね。またいつものごとく斜め切りにしてください。(写真2)
ル)次、スパイスね~。チリが小さじ2分の1、ターメリックが小さじに~……4分の1くらい。(写真3)あとマスタード種!!
犬)マスタードシードのことね。これはどのくらい……?
ル)小さじ4分の1。後は塩・コショウとかレモンとか。
スパイス。マスタードシードはなぜか瓶のフタに盛られてます。
ル)じゃあはじめるよ。ナベかフライパンか、何かちょうどいいのを用意して火にかけるね。サラダ油かオリーブオイルを大さじ3入れて。
犬)すんごい熱されてて油に引火しそう……な感じ。中火よりちょっと強いかな?
ル)まずマスタード種入れるよ!(写真5)
ジュー!! パチ!パチ!と種が炒められる音が!そして間髪いれずに
ル)スパイス以外の材料全部入れるよ!(写真6)
一気にジャガイモ、チリパウダー、ターメリック以外の材料を投入!! よ~く混ぜながら炒めます。
ル)次ターメリックとチリパウダーね。
さらに鍋に黄色い粉と赤い粉が入りました。手早く混ぜて……すぐに(写真7)
ル)ジャガイモ入れるね!(写真8)
ジャガイモも入りました!! コレで全部の材料がお鍋の中に。全体がよく絡まるように混ぜながら炒めます。
ル)ここで塩とコショウ。辛いのが好きならチリパウダーも入れていいよ。
お好みで味を付けます。
ル)ここですこーしトマトケチャップを入れるね。
犬)ケチャップ?どれくらい?
ル)大さじに1くらいね。
トマトケチャップを入れて全体に行き渡るように混ぜ混ぜ&炒め続けます。(写真9)
延々炒めてるみたいですけど元々ジャガイモには火が通ってるのでこの間5分くらい。
ル)レモンいれるよ~。
いつものごとく小さじ1ほどのレモン果汁をふって軽く混ぜ合わせ火からおろして、

ル〉はい。できた。

犬〉おお！早い!! 色もキレイですねえ!!

以上、完成です〜。

普通の粉吹き芋やジャーマンポテト風の料理もルーパーさんの手にかかればこの通り!! 彩りもとてもキレイです。チリパウダーを少なめにすればお子様にも人気でそうですよ？

完成!!

ポテトテンパードのおさらい

ジャガイモ …… 300g。皮むいて茹でてください
タマネギ …… 大きめを1/4個。半月切りにしちゃってください
ニンニク …… みじん切り小さじ1
ショウガ …… みじん切り小さじ1
鰹節 …… 10gくらい。カタマリを軽く刻んだもの
カリーリーブス …… 10枚
シナモン …… 3cmを1本
フェヌグリーク …… 小さじ1/4
青唐辛子 …… 1本
サラダ油またはオリーブオイル …… 大さじ3

〈スパイス〉
チリパウダー …… 小さじ1/2
ターメリック …… 小さじにすりきり1/4
マスタードシード …… 小さじ1/4

塩・コショウ …… 適量
ケチャップ …… 大さじ1
レモン汁 …… 小さじ1くらい。1/6個を絞りいれるといいですよ

下準備ができれば後は早い早い♪

7

8

9

ingデザイン研究所＋MIC工房

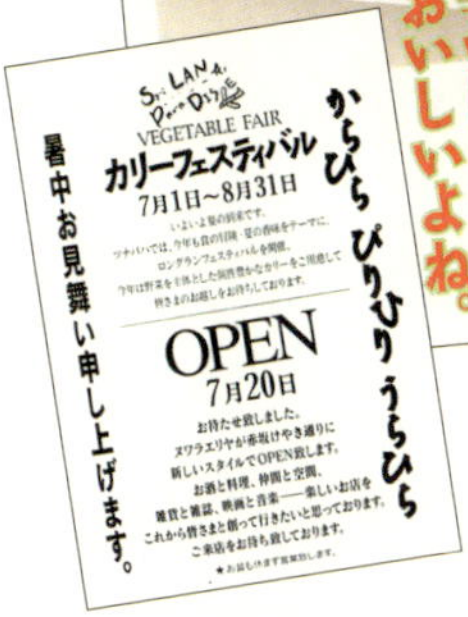

ヌワラエリヤレストランをOPENしたころは本業の建築が一番忙しかったころで時々店には食事に通っていたものでした。

いつのことだったか定かではないのですが私の建築の仕事で大きな出会いがありました。私のところに出入りしてた看板などの仕事を手伝ってくれる若いフットワークのいい二人組。その二人からグラフィックデザインをやってるCHさんのことを常に聞かされていて、

「一度会ってください。きっと気が合いますよ」と再三言われ続け、ある日とうとうCHさんを訪ねて天神の事務所に出かけたのでした。お会いするとCHさんも二人から私のことを散々聞かされていたとのこと。

CHさんは「ingデザイン研究所」を主宰、スタッフも含め3人で精力的に仕事をされていました。私も「MIC工房」を名乗り同じく3人で忙しく飛び回っていました。

のちに私たちはingデザイン研究所＋MIC工房、とコラボレーションしシステムを組んで一緒に走り出し、様々な仕事をクリアーしていきました。

このころが一番充実していたのでした。

そのようないきさつもあり、ヌワラエリヤレストランのグラフィックデザインはすべてingデザイン研究所にお願いしました。CHさんはパッケージデザインにおいて多くの作品を残されていて歯切れのいいデザインには定評がありいつも感心させられていたものでした。案内状から店名ロゴ、メニュー、チラシらを作るに際して打ち合わせを再三持ち、テーマを決めようと香辛料、エスニック、コロニアル、と話し合い「旅」をテーマにしてそれぞれを進めることにしました。

テーマが決まると後は面白いようにいろんな案が飛び出してきて、今思い出しても物を作る楽しさを満喫していました。

当時の作品を今見るとなつかしいですね。OPENしてから30年の時が経過しましたがこの頃が私の第二の青春だったのではと思い返すのです。

「スリランカ風コロッケ」

今月はひと手間かけてスパイスの香るコロッケを作ってみました。
お店では「クリケットボール」という名前でお出ししております♪料理教室取材1週間前。
ランチでこれから忙しくなるぞ～という時に実に間が悪く、私、参上。
空気を読まずに用件を言い出す。

犬）あのねーー来週もう年末だから教えてーー水曜日が良いなーー。ルーパーさんいる？

ル）昼間はいる。

犬）じゃあ大丈夫？今度何作る～？

ル）……わからないね。

他の作業をしていて忙しそう！しばしの沈黙。

犬）今考えても思いつかん……宿題ね!!

2日後、本社事務所にてオーナーに聞くと「クリケットボールは？」とのお言葉。ヌワラに行ってルーパーさんに聞いてみると

ル）いいけどアレ時間かかるよ。芋茹でてつぶして冷ますのに4時間くらいかかる。

犬）ということは……茹でてつぶして冷ました芋からはじめたら良いってこと？

はしょり箇所決定です。

ル）ん、そうしよう。そしたら早いよ。

犬）じゃあ今月はクリケットボールね。メニュー決定。

そして取材当日、「水曜日ねー」って言ったのをルーパーさん覚えてるかなあと思いながらヌワラにいったら

ル）今カメラ持ってる!?

犬）あるある。持ってきた!!

ル）今ちょうどお店で出す分、作りかけてるから写真撮ったらいい！

犬）おお!! わかった!!

ちょうどお店でお客様に出すためにクリケットボールを作ってるところでした。ナイスタイミング!! カメラ持って厨房に入るとお鍋が2個並んでおいてあります。片方には茹で

てしっかりつぶしたジャガイモ。もう片方には茶色く色づいて火の通った鶏そぼろ(?)。どうやら例の「先に作って冷ましておかないといけない」材料のようです。

ル)中に入ってる材料と作り方、後で教えるね。

犬)わかったーー。

鍋の中をカメラに収めると、私はひとまず退散。3時前にもう一度厨房を訪ねると今度こそ料理開始です!! さっきの鍋の中身、「茶色い鶏そぼろ(?)」の材料を並べて見せてくれるルーパーさん。

ル)チキンミンチ500gの時の材料ね。

犬)了解。じゃあまず鶏ひき肉500gね。

ル)次。タマネギのみじん切り。

犬)これは……4分の1?

ル)そうね。

いつものように親の敵のごとく細かく刻んでおります。

ル)グリーンチリ1本!! これも刻むね。

犬)青唐辛子を1本。細かい輪切りにしてください。

何しろコロッケの具ですから。どの材料も細かく刻んでください。

ル)カリーリーブス。

犬)何枚くらい〜〜?1、2……

数える私。

ル)15枚くらいだね。

ル)シナモン1本。

犬)これも4㎝くらいだね。あ、コレは別に刻まなくていいです。最後は取り出すみたい。

ル)次ね。ショウガ!! ニンニク!!

犬)ショウガとニンニクのみじん切り。小さじ?

ル)両方とも小さじ1ね。(写真1)

と、小さじという名のデザートスプーン(?)を見せてくれるルーパーさん。

ル)それからポテトね。

犬)皮むいて茹でてマッシュにして冷ますのね。

ル)そうそう。チキンミンチが500gの時はポテトは250gくらい。

犬)ジャガイモ250gを皮むいて茹でてからつぶしてマッシュポテト状にして完全に冷ましてください、だそうです。(写真2)

ル)次、スパイスね。ハイこれ。

すでにお皿の上に並べられたスパイスが出てきました。

ル)カリーパウダーが小さじ1。ターメリックが小さじ2分の1。カリークリームも入れるね。(写真4)

一見怪しげな茶色いカタマリのカリークリーム。数種類のスパイスと塩、お酢を当店オリジナルの配合で練って作られたスパイスペーストです。

犬)カリークリームってどれくらい入れるの……?

ル)ちょっと待ってよ〜……(MY小さじにのせて確認中)、小さじ1!!

犬)OK。小さじ1ね。

ル)あとチリパウダー。小さじ1。

犬)チリパウダー小さじ1ね。

ル)それと塩・コショウ。少々?

犬)少々じゃ足りないでしょ。適量、だね。

ル)そうね。

犬)……で? コレをどうにかしたら

ああなる（茶色い鶏そぼろ?）のね?

ル）えーとね。まずこっちの材料を全部一緒に炒めてその後ミンチ入れて炒めて最後にスパイス入れる。

犬）は!!?ちょっと待った!!

今、物凄いテキトーに説明された!

犬）もう一度。材料ってこっちのお皿のヤツ全部ね?

ル）そう。油大さじ2くらい入れてタマネギが茶色くなるくらいまで炒める。

訳）えー、まずフライパンにオリーブオイルを大さじ2杯ほど入れてからタマネギ、ニンニク、ショウガ、青唐辛子、シナモン、葉っぱ……もといカリーリーブスを投入。タマネギが茶色っぽくなるまで炒める、だそうです。（写真3）

犬）で?

ル）そこにチキンミンチを入れるね。炒めてたら水が出てくるけどそれがなくなるまで炒める。（写真5）

訳）フライパンの中に鶏ひき肉を投入。肉汁が出てきますが炒め続けて汁気がすっかり飛んでしまうまでしっかり火を通す、だそうです。

ル）そこにスパイスを入れて……だいたい2分くらい炒めるね。（写真6）

犬）2分?スパイス入れたらそんなに炒めないのね?

ル）そう。

水気がなくなったらフライパンの中に全スパイスを投入。かき混ぜながら2分程度で火から下ろす……ようです。（写真7）

ル）で、冷ますね。3時間か4時間くらい放っとく。

犬）で、放っといたのがコレ、と。

二つの鍋の中身。茶色い鶏そぼろ（?）とマッシュポテト。（写真8）

ル）完全に冷ましてから混ぜるね。

挽肉の鍋の中にポテトを全部IN!

ルーパーさん、でかい木ベラでぐわーーーーっと混ぜています。すり鉢でゴマかなんかをすってるような勢い!!

犬）コレもう味ついてる?

ル）ついてる。

犬）え、じゃあチキンミンチ炒めてる時に味付けるのね?

ル）そうね。

先・に・言・え!

カリークリームに濃い味がついてますので塩加減は注意してください。

ポテトとあわせる時に塩・コショウした方が味は調えやすいかもしれませんね。さて、完全に混ざるとポテトも茶色に染まります……。（写真9）

ル）じゃあ次。丸くするね。（写真10）

犬）おお!コレは私も手伝うよ!!

手を洗って成型のお手伝い。といっても真ん丸くするだけなんですが……ピンポン玉やゴルフボールより一回り大きいくらいのまん丸です。

ル）だいたい15個くらいできるよ。

犬）ふんふん。鶏ひき肉500gジャガイモ250gでだいたい15個ね。

あ、もちろん皆さんは別の形に成型されてもOKですからね!!

ル）衣を着けるよ〜〜

取り出したのは衣のネタが入っているタッパー。

犬）卵と小麦粉?

ル）そうね。

犬）えーー、どれくらい？

ル）卵1個に小麦粉大さじ2。

小麦粉はどうやら大さじ「山盛り」2のようです。コレを溶くとはっきり黄身がかった衣のできあがり。衣を一つひとつ丁寧につけてはパン粉の入ったバットの中を転がしていきます。全部にパン粉がきれいについたところで……（写真11）

ル）揚げるよ〜〜。

レストランの厨房にはフライヤーがあるので便利。

ル）温度。180℃

犬）180℃ね

全部油の中に投入。重いので沈んだままです。

犬）揚がったら浮いてくる？

ル）重いから浮かないよ！

犬）そうやね……ゴメン……。

5分ほどでしょうか。ほんのりと揚げ色がつくくらいで全部油から出します。（写真12）

ル）できたよ!!

犬）揚げ時間はそんなに長くないね。

ル）そうかね。

犬）うん。フツーより早いと思うー

すでに中身には火が通ってますから中身が熱くなればそれでよし、くらいの感覚なのでしょうか。揚げ時間が長くなるとスパイスが焦げてしまう、というのもあるかと思います。

以上、完成です〜。

事務所に持って帰ってオーナーに1個、私も1個。揚げたてで美味しいです。スパイスの香りがちょうど良く効いていてもちろん全然辛くありません!! 冷ます時間なんかもありますから1日がかりの作業になりそうですがちょっと変わった手作りコロッケはいかがでしょう？

スリランカ風コロッケのおさらい

鶏ひき肉 …… 500g
ジャガイモ …… 250g
タマネギ …… 1/4個
青唐辛子 …… 1本
カリーリーブス …… 15枚
シナモン …… 4cmを1本
ニンニク …… みじん切り小さじ1
ショウガ …… みじん切り小さじ1
塩・コショウ …… 適量
オリーブオイル …… 大さじ2

〈スパイス〉
カリーパウダー …… 小さじ1
ターメリック …… 小さじ1/2
カリークリーム …… 小さじ1
チリパウダー …… 小さじ1

衣 …… 小麦粉大さじ山盛り2と卵1個
パン粉 …… 適量
揚げ油 …… 適量

鶏そぼろ(?)とマッシュポテトは完全に冷ましてから混ぜてください

10

11

12

「ロティ」

たまにお店に皿洗いの手伝いに入るとお客様に尋ねられることがあります。
「ナンはないんですか?」いや、それインド料理です……。
というわけでスリランカのお食事パン（のようなもの）「ロティ」を作ることにしました。

ル）さあ作ろうか。

量りとボウルを取り出すルーパーさん。

ル）まず小麦粉ね。150g。

犬）小麦粉150gね。ソレをボウルに入れて……

ル）次はココナッツファイン。50g。

サンボール作る時などに度々登場するココナッツの繊維。ドーナッツとかにまぶしてある見た目パン粉のようなアレです。

ル）50g量ったら小麦粉の中に入れるね。

犬）うわーあ……真っ白で何が何やら……。

ボウルの中は白い粉にココナッツファインで真っ白。

ル）で、塩をね小さじ4分の1入れて混ぜるね。

犬）この時点でさっさと味付けですね。

ル）あとバターを小さじ1。で、手で混ぜる。

犬）……ならバターは先に室温に戻しておいた方がよさそうですね。

粉とココナッツと塩の混合物を1さじのバターで軽くこねてから（写真1）

ル）ココにね、水入れるね！

犬）おお！やっとソレらしくなってきた!!どれくらいですか?

ル）うう～ん……ちょっと待ってね。

計量お玉で水を量るルーパーさん……いつもは目分量で作っていたようだ……。

ル）わかった！75cc！

犬）ほんとかよ……。

とりあえずまんべんなくこねられて、ひとまとめになるくらいのかたさでまとまったら（写真2）

ル）板、板。

のし棒とのし用の大きな板が出てきました。

犬）おお！本格的だ！

打ち粉代わりに小麦粉を板にふってのし棒でさっきまとめた生地を伸ばしはじめます。ご家庭ではまな板を代わりに使ったり、ラップに包んで上から伸ばしたりするといいと思います。（写真3）

ル）だいたいコレくらいの厚さね。

犬）1cmくらいかなあ……何センチ?

ル）1.5cmくらいね!!

生地の厚さが1cm～1.5cmくらいになったところでルーパーさん愛用の型抜きを取り出しました!! CDよ

りちょっと小さい、おせんべいくらいの大きさです。

ル）型抜くね。

犬）あ、ソレ面白そう!!

ポンポンポンと、だいたい4枚くらい抜けました。（写真4）

ル）じゃあ次、焼くよ～。フライパンで焼くから家でもできるね!!

犬）そうですね。

フライパンを火にかけ、熱々に熱します。

犬）油はひかないの?

ル）バターが入ってるからいらない。

生地に練りこんだバターの脂分でちょうどよく焼けるようです。

ル）火を弱くして……焼くね。（写真5）

熱々になったフライパンの火を小さくして、生地をのせていきます。

ル）いい焦げ目がつくまで弱火で焼くね。

犬）いつもの炒め物とかの激しい火力とは打って変わって今日は静かだ……。

ひたすらフライパンの前で待ちます。

途中何度も生地をひっくり返し、程よい焦げ目がつくまでしっかりじっくり焼きます。

ル）カリーつけても美味しいけどね、ジャムとかでもおいしいよ!!

犬）ああ、ジャムは試したことないなあ……。

ル）とにかくゆっくり焼かないとね。焦げる。焦げたら苦いね。

犬）ああ、まあそうね……。

10分から15分ほどたったでしょうか……。

ル）はい！焼けたよ!!

犬）やったーー♪

見ためは白いおせんべいのような大きめのビスケットのような……ココナッツの香りと繊維のさっくりとした食感がマッチした簡単に作れるスリランカのパン（のようなもの）。材料も揃えやすいものばかりなのでご家庭でも挑戦しやすいのではないでしょうか?

以上、完成です～。

レンティル豆のカリーももらって事務所で皆で分けて食べました♪おいしいいいい～♪K村女史もコレなら辛くないから大丈夫!!

【材料のおさらい】
小麦粉（薄力粉）…… 150g
ココナッツファイン …… 50g
塩 …… 小さじ1/4
バター …… 小さじ1
水 …… 75cc

カリーと一緒にどうぞ!!

5

4

スリランカ紀行

スリランカ9回目の旅

前田勝利（ヌワラエリヤ・オーナー）

ある日のヌワラエリヤのカウンター、常連客のH川さんが現れ、とりとめのない話の途中に「今度長い休暇が取れるのだけどどこか一緒に旅行しませんか」と問いかけられました。一週間くらい、ある街に滞在するのはどうだろうかと……。私もこのところ旅らしい旅をしてないし、いいかなぁ～と思いイタリアのフェレンチェ、ベネチア、イスタンブールと思いを巡らせていたのですが、そうだH川さんはスリランカには行ってないなぁ～と思いつき、しかも私自身もご無沙汰しているし……ということで「スリランカに行ってみませんか」と誘うと即答で「いいですよ」との返事、スリランカ行きが決まりました。

早速計画を立て今回はスリランカの建築家ジェフリー・バワの建物を観るのと彼の設計したホテルを泊まり歩くことを念頭に置いて、スリランカの知人に連絡を入れ、車などの手配を依頼しました。

以前にもスリランカ旅行を計画していましたが、２００４年12月にスマトラ島沖地震が起きてその影響で強力な津波がスリランカを襲った後だったので断念していました。今回は気の置けないH川さんとの二人旅なので山岳リゾートと海洋リゾートのホテルと、スリランカの豊かな香辛料＋野菜＋果物を使ったカリーを楽しみ、そして昔年のスリランカの友達との再会も果たしたいと思い計画を立てました。これは２００８年９月６日〜18日のスリランカ旅行の日記です。

２００８年９月６日（土）晴れ

朝5時に起きだして身支度を整える。昨夜遅くにパッキングしたトランクと、パソコンとカメラを収めたリュックを持って姪浜駅まで家人の車で送ってもらう。午前5時51分発福岡空港行きの地下鉄に乗り込む。福岡空港で、同行するH川さんと落ち合い搭乗手続きを済ませ、午前7時10分発の成田行きに搭乗。

成田に到着。空港は広い。スリランカエアラインの搭乗手続きを済ませ、出発まで時間があるので朝ごはん。うどん屋さんに入りカレーうどん＋ビールで済ます。これから行く先はまさにカリーの国であるのに最初からカリーうどんかと二人で笑い合う。午後1時20分発コロンボ行きに乗り込み、これから8時間を超える時間を機内で過ごすことに。

女性クルーにビールを注文。スパイスいっぱいのカリーの機内食

クルーは健康的な肌に赤いサリーがよく似合い微笑みも洗練されていてアジアの空気が感じられる。機内は若い男女の乗客が目立つ。彼らはコロンボ経由でモルディブ諸島に行く人たちなのだ。機内で過ごす長い時間には食事が2回ほどふるまわれたが、私たちは毎回カリー＋ビールを完食。

コロンボ空港に到着したのは現地時間の午後6時30分、日本とは3時間半の時差がある。空港に降り立つと22年前の空港とは違い、それなりに整備されていた。以前は空港内にココナツオイルの匂いが漂い、異国情緒が満載な感じだった。なにか少し物足りないものを感じるが、それも仕方がないかなと思う。

入国手続きを済ませ、到着ロビーに出るとヌワラエリヤのコックだったAとJ兄弟が出迎えてくれた。Aは福岡にいた時より少し肥ってお腹が出ていたが、彼らのステータスはお腹が出ていることだとの

30年前に来た時からすると様変わりのコロンボ空港

ことだ。お願いしていたワゴン車と、これからのスリランカの旅に同行してもらう運転手を紹介され、早速荷物を積み込む。車は一路コック兄弟が営むガンバハの宿まで移動。約1時間半ほどの行程だった。

宿に着くと夕食にスリランカのビール、ライオンラガー＋ライオンスタウト＋おつまみ＋焼きめしを振る舞われ、しばし歓談。ビールを飲むと疲れも出てきて睡魔が襲ってきたので、「明日の朝食はスプリングホッパーがいいなぁ〜」と予約して、2階の部屋に落ち着くことにした。

ライオンスタウトビールはアルコール6度。香辛料のきいたおつまみ

9月7日(日) 晴れ

朝5時前に目が覚める。外はまだ暗い。時々小鳥の声が聞こえてきて6時を過ぎてくると明るくなってきた。気持ちよく眠れた。耳を澄ますと少し雨が降っている様子だが、そんなにひどい雨ではないみたいだ。昨日空港に着いたときAが「先週から雨が続いているので心配だ」と言っていたのを思い出した。

起きて窓から外を眺めると木々に鳥とリスがいて、しきりに動き回っている。そんな光景にスリランカに来ていることを実感する。海外に行くとシャワーのお湯の出が悪いことがよくあるが、この宿はまぁまぁというところで納得する。朝ごはんはリクエストのスプリングホッパーとカリーを1階の食堂で堪能する。

今日は日曜日、スリランカでは日曜日に地域の広場に市場が立つので、そこに連れて行ってもらうことになっている。何度となくスリランカに来ているがこの市場訪問が一番興味もあり、楽しくもあり、面白いのである。朝方降っていた雨も上がり、日差しが射してきて少し蒸し暑いなかを車でマーケットまで連れて行ってもらう。

朝食のスプリングホッパーと2種類のカリーが添えられている

市場はカラフルなテントが思い思いに張り巡らされ、テントの下では賑やかな掛け声が飛び交っていて、その周りには新鮮な野菜、香草、果物、香辛料、生魚、干物などの生活必需品があふれている。これらはスリランカの生活が豊かで生活力があふれていて、それなりの豊かな営みが行われていることを感じさせてくれる。1時間半ほど写真などを撮り、野菜や香草を口に含んだりして品物の名称などを教わりながら嬉しい時間を過ごした。しかし雨上がりのため蒸し暑くH川さんも私も体中から汗が噴き出してきて、汗を拭きとるハンカチもびしょびしょの状態に。車に乗り込みクーラーを強くしてもらいながら市場を離れた。

AとJ兄弟は私たちを彼らのお姉さんの家に案内してくれた。そこには彼らの家族と親戚一同が待ち受けていた。しばらくそれぞれに挨拶を交わし、家庭料理のお昼をごちそうになった。

　まずライオンラガービール、ライオンスタウト、おつまみでくつろぐ、次にカリーはマンゴー、パパイヤ、バナナ、ジャックフルーツ、と果物のカリーにさっき行って来た市場で見た野菜と香草のカリーがテーブルにのりきらないほどたくさん出て来て、熱い歓待をH川さんともども受けた。

　お腹いっぱいになったところでコロンボ市内に向かうことにした。市内ではまず両替を済ます。100円が99ルピーと以前よりルピーの価値が上がっていた。しかしコロンボ市内も昨夜の空港からの道路でもテロを警戒するために軍の警備は非常に厳しく、よく車を止められチェックを受けた。

　両替を済ませた私たちは、スリランカ人建築家のジェフリー・バワの事務所だったところが現在ギャラリーカフェとショップ

要求して作ってもらった果物のカリー。果物は豊富で季節で出回るものが変化する

日曜に開かれる市場はエキサイティングですこぶる面白く豊かなスリランカを感じる

コロンボのジェフリー・バワの事務所がモダンなカフェにリニューアル

になっているところに行き、建物と内装を見学し、そしてショッピングとお茶を楽しんだ。小雨が降ってきたが建物のスケール感に日本家屋のたたずまいを感じさせるものがあり、素直に受け入れることができた。お客さんたちはそれぞれ居心地のいい暗がりを享受しながらスタンドの柔らかい明りを受けた空間に安らぎと心地よさを感じながら楽しんでおられた。コロニアルスタイルとも違う独特の柔らかいモダンデザインを感じさせるバワの感性があふれていた。

帰りに本を買おうと思ったが品切れ状態だったので場所を変えショッピングモールの本屋さんに行くと三冊の本が手に入り、ついでにH川さんと一緒にTシャツを衝動買いし宿舎に向かう(スリランカでの戦闘とテロは2009年5月19日で終焉を迎えた)。

9月8日(月) 晴れ

今朝も5時近くに目覚める。うとうとしていると6時頃から明るくなってきて鳥たちの鳴き声も次第に大きく聞こえてきた。雨も降ってない様子で今日からの旅が快適にスタートできる予感がしてきた。7時半に部屋で紅茶をいただき朝食抜きで8時過ぎにはガンバハを出発。車は運転手付きのワゴン車でAとJ兄弟にH川さんと私の5人での道中となった。

車で走ってるとよく見かけるスタンド。飲み物と軽食を売っている

車には後2、3人は乗れるので「他の友人も誘えばよかったなぁ～」とH川さんとも話しながら車はキャンディーロードを北上し、一路ポロンナルワへと向かう。

少し小腹が空いてきたので途中道路沿いのスタンドで売られているコラ・キャンダーで腹ごしらえ。コラ・キャンダーとは緑色のスープ状のお粥みたいなもので香辛料の匂いが少し強いが私は好きだ。これに近いものをヌワラエリヤレストランで時々コックが作って、私も食べさせられたことがある。

ごはん、ヌードルに何種類のカリーが盛られているのだろう。辛さは自分で調節

10年前に来た時より道路事情は各段に整備されていて、車の走行は快適だった。途中ろうけつ染めのバティック工場に立ち寄り、作業工程を見学させてもらったが納得する商品にはめぐり合えなかった。再び車に乗り込み、一路ポロンナルワへ向かう途中に強烈なスコールに遭遇。スコールはすぐに上がったが車の窓から見えるジャングルのかなたにシーギリヤロックの山影が見えるとH川さんが声を上げたので、私も嬉しくなって身を乗り出してシーギリヤロックを確認した。

車はようやくポロンナルワに到着。時刻は午後2時を過ぎていたので近くのレストランでお昼にした。ライオンビールとカリーが満載のプレート。満腹状態で5人前で3000ルピー、要するに3000円ほど。もちろんライオンビールは大瓶だ。しかしスリランカ政府は飲酒をあまり快く思ってないみたいだ。

　ポロンナルワ博物館を皮切りに遺跡群を散策して回ったが、結構広大だった。遺跡に入るときには靴を脱ぎ裸足で参拝する。裸足での砂地の感触がすごく新鮮だった。拝観料は、ポロンナルワ遺跡＋明日行くシーギリヤも含め外国人は５０００ルピー。それに引き換えスリランカ人は40ルピーと１００倍以上の差にただ唖然！仕方なく拝観料を払いながらH川さんと二人して苦笑。AとJ兄弟は「スリランカは貧乏だから」とこちらも苦笑いしていた。

ポロンナルワは結構広いスペースに仏像、廃墟が点在していて全て見て廻るのは大変

　しかし遺跡群の中を歩いていても観光客らしき人たちに会うこともほとんどなく、物売りのスリランカ人も手持無沙汰。私たち二人にしつこくついて回るが無視しているとなんとなく遠ざかっていった。また広場のところどころには少しやせ細った野良犬がのんびりとたむろして

カンダマラホテルの受付ロビーの光景。プールの先は自然公園、自然の岩盤がお客を迎える

いたが、これがおとなしい。遺跡群の5分の1ほども見て回っただろうか、日が落ちてきたのでポロンナルワに別れを告げ車に乗り込んだ。

　そこからシーギリヤのスリランカ人建築家ジェフリー・バワの設計した「カンダマラホテル」へと向かう。陽が落ちて夕闇が迫ってきたなかを、幹線道路からプライベートな舗装されてない細い道を覆うジャングルの中を進んでいった。ようやく到着したホテルのロビーは、自然の岩盤がむき出しになったインテリアで迫力満点！ロビーの前のプールサイドのテーブルでH川さんと二人、宿泊手続きを済ませた。部屋までの通路にも自然の岩盤がむき出しのままのところがあり自然のありのままのものをそのまま取り入れた空間は見事だった。

　部屋に入ると豪華なツインベッドがきっちりとくっつけられており「いくらなんでもこれはやばい」と言いつつ二人してベッドを引き離すのが最初の仕事だった。どこのホテルでも部屋に入るとすぐにTVのスイッ

チを入れ、CNNニュースを流しているのだが、今日は画面からただならぬことが起きている様子が感じられたが、よく理解できなかった。これがリーマンショックだったのが後日分かる。

トランクを開けて必要な物を取り出しロッカーへ。「いい部屋だなぁ～」と言いながら二人して部屋をチェック。しばらくして晩ご飯を食べにレストランへ向かう。レストランにはバイキングスタイルの夕食が用意されて、欧米人らしき人々が宿泊されていて多彩な言葉が飛び交っていた。私たちはもちろんいつものようにスリランカ料理をお皿いっぱいに盛り付けてもらって、何度となくお代わりした。お酒はもちろんライオンスタウト。ワゴン車でウエイターが回ってきて食後酒を勧めた。シェリー酒を温めアルコールを飛ばしコーヒーと生クリームをあしらった飲み物がとても美味しかった。

カンダマラホテルの外はジャングル、建物はツタに覆われて野生のサルが走り回る。建物から見える遠方には野生の象

9月9日（火）晴れ

朝目覚めたカンダマラホテルのテラスは、ツタ類の植物に覆われた窓辺を野生のサルが走り回っていて部屋の中まで鳥の声が響いてきた。遠方に湖が白く光って見え、水辺には野生の象の群れを見ることができるまさにジャングルの中のホテルだった。7時過ぎにレストランに朝食を摂りに行くが、昨夜よりお客は少なかった。スリランカに来て朝、昼、晩、と全てスリランカ料理を食べているがまだ飽きてはいない。食後の満腹な状態でプールサイドやホテル周辺を散策。部屋に戻り荷造りを済ませ10時にはフロントに下りていくとAとJ兄弟が笑顔で迎えに来てくれていた。車に荷物を積み込みシーギリヤへ向かって車を走らせる。運転手と兄弟の三人はホテルで用意されている宿泊施設で過ごしているとのことだった。

シーギリヤロックは高さが２００メートルの岩山で、山頂にはかつて王宮があったとのこと。5世紀後半に父の王を殺した男は、兄弟たちの復讐を恐れこの岩山に7年かけて城を築いたのだそうだ。王宮が滅び廃墟となったこの城は１４００年後の19世紀に英国軍将校に発見されるまでジャングルの中で眠っていたのだ。5世紀後半といえば日本はまだ縄文時代だろうか。その頃のスリランカが凄すぎる気がしてならない。

今日は日差しも強く蒸し暑いのでシーギリヤロックに登るのは大変かなぁ～と思うがジャングルを睥睨するように現れた楕円形の岩山を見上げると俄然意欲が湧いてくるのだった。鉄骨で岩山にへばりつくように作られた階段を上っていくと螺旋階段があり、少し恐怖を感じながら登っていくと幅20メートルほどの窪みに出る。その窪みの天井に色彩鮮やかな女性像が描かれている壁画に出会うのだが、１４００

年の年月を経てもなお鮮やかな色彩が残っているのはスリランカの気候が壁画の保存によほど適合しているのだろうと推測されるのだった。

　そこからさらに頂上を目指す。よくこのような階段を造ったものだと感心するがAは途中で腰が抜けた状態になってガイドの助けを受けながら登ってきた。頂上にはかつて王宮が建てられその遺構が残っているが、宮殿として使われたのは11年と短い年月であったとのことだ。頂上からの風景は３６０度眼下にジャングルが広がり、そのジャングルの岩山を強い勢いで抜けてきた風は、被っている帽子をしっかり押さえていないと飛ばされそうなくらい強かった。帰りの階段も難儀なことで、ゆっくりと休憩を取りながら降りていった。しかし日差しと蒸し暑さのため、思っていたとおりにみんな汗びっしょりだった。

　下に降りると物売りたちが待ち受けていて煩わしいこと煩わしいこと……！　彼らを振り切り12時ころに車は一路キャンディに向けて走り出した。社内では運転手の好みなのだろうかスリランカの音楽が流れているのだった。途中の町々を通過しながら走り続け、午後2時半頃になってやっと車と歩行者が一段と混雑してきて、キャンディの繁華街に入ってきたことを知った。


　とにかくお腹がすいたのでお昼を食べようとレストランを探したが駐車場が空いていなくて、市中を走り回ってようやく簡素なレストランにみんなで落ち着いた。いつものようにビールとカリーを注文したが2時から5時までは酒類の提供は禁止されているとのことで、仕方なくジンジャービヤーで済ますことにした。このジンジャービヤーは少し甘く異国の味がした。

　食事を済まして仏歯寺に行くことにしたが、ここでも以前自爆テロが発生して相当厳重なチェックが軍によって行われていた。以前来た時は前面の芝生の広場は開放されて気持ちのいいくつろぎのスペースだったが、今は鉄柵で道路とも隔離され、横の湖の佇まいも感じられない閉鎖的な状態

カリーは全てセパレーツで提供されるので好きなものを勝手に盛り付けるとこんな欲張りなスタイルになる

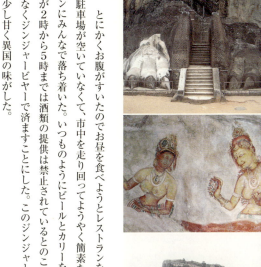

キャンディにある仏歯寺には、お釈迦様の歯が祭られている。内部空間はとてもよく作られていて奈良のお寺を感じた

になっていた。

寺の内部へは裸足で無帽の状態で入る。中に入ると今までスリランカでは味わったことのない丁寧な造作の空間が待っていて、静かに並ぶ柱列とそれを受ける梁の醸し出す様子はバランスのいいほどよい緊張感をたたえていて、敬虔な気持ちにつつまれ自然に手を合わせているのだった。寺内を少し歩き回り脇の庭に出ると瞑想の空間へと導かれ、そこでの建物の屋根を支えるため設けられた柱列のバランスにも感じるものがあった。

仏歯寺を出て、コックの弟Jの友達であり銀細工の職人さんの家を訪ねようということになった。車で走っているとスリランカで奇祭として以前書物で呼んだことがあるお祭りの行列に遭遇した。若者の背中とふくらはぎに釣り針状の金物で皮膚を刺してロープで吊り、竹ざお状の先端にくくりつけ練り歩くという祭りで、周りには大勢の囃し

キャンディの市内を走っているときに遭遇。スリランカには他にも奇祭が存在するみたいだ

立てる人々もいて一緒に歩いている。吊るされている数名の若者はインドのヒンデゥーとのことだった。

混雑を抜け出し目的の家に着く。そこには古い国宝級の仏像などがあるとのことだった。ここでも簡単な食事の用意をしてもらっていたがお昼を済ませたばかりだったのでほとんど食べられなかった。しかし黒砂糖は美味しかった。

夕闇が迫り始めていたので、その家を後にして今夜のホテル「ツリー・オブ・ライフ」へと向かった。ホテルの部屋に落ち着き、食事のためレストランに行くとホテルの総支配人であるシェリーさんに歓待された。彼は私が20年前福岡でスリランカレストランを開業するきっかけを作ってくれた人で因縁の間柄なのだ。今日もわざわざコロンボの自宅からキャンディのこのホテルまで会いに来てくれていたのだった。

レストランではシェリーさん、H川さん、私の三人でプールサイドのテー

ブルに陣取り、まずはビールで乾杯して宴が始まった。豊富なおつまみにスリランカのお酒アラックのラムをご馳走になり、カリーの食事まで楽しませていただきながら懐かしい話がいつまでも続くのだった。

キャンディのホテル・ツリー・オブ・ライフの最高責任者。私が開いたヌワラエリヤレストランに力添えしてもらう

9月10日(水) 晴れ時々スコール

ホテル・ツリー・オブ・ライフも山岳リゾートホテルだ。テラスからの眺めは抜群。建物類はほとんど目に入らず見渡す限りジャングルである。朝鳥の鳴く声となにかが屋根の上を走る音がときどき聞こえてくる。朝はルームサービスで紅茶を注文してテラスでくつろぎ目を覚ます。朝のこの一杯の紅茶は、しみじみと身体に沁みこんでいくような心地よさに浸れて気に入っている。山の向うからスコールがこちらに向けてやってくる。その雨足を紅茶を楽しみながら眺めているのは得も言われぬ至福のひとときなのだ。

朝ご飯のためレストランへ。昨夜シェリーさんと過ごしたプールサイドも静かな佇まいを保っていた。お客は私たちを含め3組、今朝ももちろんカリーを食べた。隣の席では若いスリランカ人のカップルが仲睦まじく食事をしていた。

食後部屋に帰り、H川さんはPCに向かって仕事のレポートをまとめている。私はベッドでなんとなく本を読んで過ごす。11時からアーユルヴェーダを予約してあり、それまでの時間を待っているのだった。

11時にハーバルヘルスセンターで医師の簡単な問診を受けコースを決める。まず血圧と脈を測り、一応の診断が終わるとロッカー室に通されてそこで衣類を脱ぎ支度をさせられた。バスタオルをまといハーブ類が天井から吊るされた部屋へ。そこにはベッド、

ホテル・ツリー・オブ・ライフの正面玄関。もとはイギリス人の別荘

ホテル・ツリー・オブ・ライフの朝の紅茶。プールサイドで食する朝ごはん

ホテル・ツリー・オブ・ライフでアーユルヴェーダを体験。不思議で貴重な体験でした

蒸し風呂、浴槽が設えてあり、まずはそのベッドに寝せられ、ほどなく頭からオイルを垂らされマッサージが始まりました。体中オイルまみれにされ、全身のマッサージは1時間ほど。その後ハーブが炊き込まれた蒸し風呂で汗を流すのだった。身体が温まり気持ちよい汗が吹き出すとハーブが混入された温めのお湯が張られた浴槽に入り、横たわった身体にハーブの葉っぱがまとわりつくのでお湯をほのかにかき回しながらくつろぐと、心も身体も次第に癒されてゆく。それが10分ほどで終わると地下のシャワー室で身体に残っているオイルを洗い流し、バスタオルを身体にまとい1階のロッカー室に帰っていくのだ。洋服を着替えるとハーブティーが出てきて、ゆったりとしたくつろぎのひとときを過ごすというコースなのだ。

この間、2時間ほど。その後瞑想の時間があるとのことだったがＣＤが壊れていたのと、少し疲れも感じていたので瞑想の時間はキャンセルすることにして部屋に帰った。

このところ三食食べ続けていて胃が重たいので、今日はお昼をぬいて夜の食事に備えようと部屋にあるバナナを食べながらまた本を読む。

夜の食事は、福岡のヌワラエリヤレストランの常連客であるスリランカ人のSさんがたまたまキャンディの自宅に帰省されていて食事に招待されていた。夕方5時にホテルに迎えの車が来たので好意に甘えて訪ねることにした。広い家に案内され家族を紹介され美味しい食事をご馳走になった。食事が終わるとお土産までいただき再度車でホテルまで送り届けてもらった。

9月11日(木) 晴れのち小雨

朝目覚めると早速ルームサービスで紅茶を取り寄せ、テラスでジャングルの緑を眺めながらのひととき。そして7時半頃にレストランへ。朝食にスプリングホッパー、カリーを数種類注文すると、昨日の若いスリランカ人カップルの男性が私たちのテーブルに来て日本語で話しかけてきた。話によると日本の福島大学に留学していて新婚旅行中とのことだった。二人は再び福島大学に留学のため日本に行くのだと話してくれ、新婦ははにかんだ笑顔を見せていた。好感の持てる二人だったので写真を撮らし

ホテル・ツリー・オブ・ライフの食堂で出会ったカップル。新婚旅行とのこと。新婦のはにかみが新鮮だった

てもらう。

朝食を済まして部屋に戻り荷作りを済ませコック兄弟を待つ。二人はキャンディで私たちをホテルに届けた後、弟Jの奥さんの実家まで引き返して二晩そこで過ごし今朝再びキャンディまで迎えにくることになっていた。

キャンディを11時半に出発していよいよヌワラエリヤへと向かう。何回となく通っている道路は随分と整備され周辺の風景も見覚えがあり懐かしさが甦ってくる。ヌワラエリヤに近づいてくると小雨が降ってきて気温が下がってくるのが感じられた。車窓から眺める周辺の山々は全て紅茶畑で埋め尽くされている。道路沿いには新鮮な野菜が豊富に並べられ売られている。車はスピードを上げながら曲がりくねった山岳道路を営々と登っていく。時折遭遇する学校帰りの子どもたちの歓声が聞こえくる。海風が運んでくる霧を抜けて峠を越え、視界が開けたところがヌワラエリヤだ。

スリランカに来るたびに滞在しているヌワラエリヤは繁華街も小さいが結構賑わいが感じられる街だ。お腹もすいていたので遅いお昼を摂る。今回もビール＋スリランカカリーをたっぷりと食べた。食後は繁華街の食料マーケットを散策するが、何回となく訪れている街並みに、懐かしいような気分になる。マーケットに並ぶ野菜や果物の写真を撮りまくりながら食材の名前や食べ方をコック兄弟に尋ねながら歩く私たち。そんな私たちに興味を抱く人々に軽く会釈しながら歩き回った。

ヌワラエリヤは1800mを超える高地で夕方になると海風が霧を運んできて町全体を覆う。途中の道で出会った学校帰りの子供たち

ヌワラエリヤの繁華街は道路の長さにして150mほど、しかし市場はやはり活気がありとても魅力的だ

ヌワラエリヤのグランドホテル

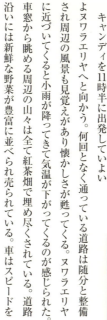

外は相変わらず小雨が降っている。気温は18度くらいになっていて肌寒さを感じてきた。一通り散策を終えると車で5分ほどのところに位置する「グランドホテル」へと向かった。

100年以上は経過している木造のホテル。部屋の床は歩くと所どころ床なりがして古さを感じる。壁面には今は使われなくなった暖炉がありその前に電熱ヒーターが置かれていた。

7時半頃にレストランに行く。バイキングスタイルの夕食で、ここでも迷わずスリランカ料理と今夜はシャンパンを取り寄せ乾杯をして楽しんだ。レストランはヨーロッパの年配のツアー客が少しいるくらいで比較的お客は少なくゆっくりしている。ギターと電子ピアノの二人組みの生演奏が懐かしいアメリカンソングを演奏していて、ときどきツアー客がリクエストをしていた。

ヌワラエリヤは標高があり、夜になると気温が10℃まで下がるので暖炉が設えられてる

食後はバーに行き、食後酒を暖炉のそばで楽しんだ。イスラエルから1カ月の新婚旅行に来ていると言うカップルと暖炉の前でしばらく談笑。しかし1カ月の休暇とは……。

バーを出てホテル内のショップで上着用の半コート1500円を値切って1300円でH川さんと1枚ずつ買ったがあまりに安く、スリランカの物価の水準に少し疑問を抱くのだった。やはりヌワラエリヤは気温が低く半袖では寒いので思わず求めた半コートだった。

9月12日(金) 晴れ

朝は相変わらず目覚めが早く6時前には目が覚めているので、外が少しずつ明るくなるのをうとうととまどろみながら、ときどき目を開けて確認する。部屋は電熱ストーブで少し暑いくらいであるが外はやはり少し冷えているようである。7時半頃レストランに下りて行きバイキング方式の朝食を摂る。まずウエイターに勧められた紅茶を楽しんだあと、好みのものを取りにいく。まずコラ・キャンダーを飲む、これはお米の入ったスープでスリランカでは朝食によく食べられているとコック兄弟が言っていたが、朝はどのホテルでも必ず出てきた。その後はH川さんと二人していつものようにスリランカカリーの満艦飾……!

寒さをしのぐため買った半コートを早速着込む

食事を済ませ部屋に戻りコック兄弟が11時にホテルに迎えに来るまでH川さんはPCで仕事のレポートをまとめていて、私はベッドに寝転

び本を読んで時間をつぶす。11時頃昨日買ったコートを着込んで下りていくと二人はもう来ていた。

今日はヌワラエリヤの郊外に位置する、かつて紅茶工場だったところをホテルとしてリフォームした「ザ・ティー・ファクトリー」に行きお

ヌワラエリヤではよく見受けられる光景。紅茶を摘んでいる女性たち。寒いから厚着している

昼を食べようということになっている。ヌワラエリヤから小一時間、途中から紅茶畑の脇の舗装されていないでこぼこの農道を走ると、かつて日本でもこのような道があったことを思い出し、車の揺れを楽しんでいると、やがて紅茶畑の向こうにかつての工場が見えてきた。

ホテルに着きフロントでレストランの様子を解説してもらい、ホテル内部を見学して回った。かつての工場の機械や工具らがディスプレーされていて、エレベーターも昔のままの蛇腹式の扉がついていて、まさに工場内のエレベーターそのまま。次回ヌワラエリヤに来たらこのホテルに泊りたいものだと思うほど他のホテルにはない存在感を感じた。

別棟にある小さな紅茶工場の見学の後、レストランでお昼をと思ったが、コック兄弟が一人3500円ほどかかるから遠慮すると言うので私たちもビールとおつまみで済ませヌワラエリヤへと帰っていった。

途中の野菜畑や紅茶畑ではカラフルな衣装をまとった人たちが懸命に作業をしていた。街中の駐車場に着くとまずレストランでお昼ご飯を食べることにしたが、ここでも2時過ぎたらビールは出てこなくて

仕方なくジンジャービヤーにした。レストランで焼きそば＋焼きめし＋カリー＋サンボール類をミックスして食べた。

その後、市街を再度散策して回った。植物の苗屋さんに紅茶売りの店舗、日本での質屋さんのような役目を果たす店などを冷やかして歩いた。H川さんはその店で紅茶を買っていた。

その後グランドホテルの裏手にあるイギリス風の男性専用のヒルクラブを見学に行った。まさに100年は経つと言われているクラブで談話室、ビリヤード、レストラン、バーなど男性同士がくつろぐ施設がほどこされていた。ここでインターネットができるとのことでH川さんと二人で再度訪れてH川さんはレポートをインターネットで日本に送っていたが私は本を読みながら過ごす。

外が薄暗くなってきたのでホテルに帰ろうとすると、雨が降り出してきて走り出そうとしたら三輪車のタクシーが来たのでホテルまで

ヒルクラブは男性専用のクラブで英国の様式を踏襲。バーのカウンターも中々魅力的だった

100ルピーで乗っけてもらった。タクシーがホテルの玄関に着き私たちが下りたとたんにスリランカ人の乗客が手を上げ、タクシーの運転手は「ラッキー」の言葉を発して乗客を乗せ走り去っていった。

夕食はお昼が遅かったので「お腹も空いていないのだが」と言いながらもレストランに下りていき、ビールとスリランカ料理を心おきなく食べるのだった。

9月13日(土) 晴れ

今日はコロンボに移動するので朝目覚めると荷作りを始める。7時半頃朝食を摂りにレストランに下りていく。今朝もコラ・キャンダーをはじめしっかりとスリランカ料理を食べる。朝食後グランドホテルの庭を散策しながら写真を撮る。コック兄弟が10時ごろにホテルに迎えに来るので玄関に下りていくともう待っていた。

朝のカリーにヨーグルトをかけてみました。朝の食事のためオムレツを作っている

今日はヌワラエリヤからコロンボまで列車で移動することになっていて、ヌワラエリヤには駅がなく近郊の駅まで車で移動するが、駅までの道は以前来たことがあるように感じたので訊くとやはり以前ワールドエンドに行く時に走ったことのある道だった。

駅に着くとトランクなどの荷物を車から下ろす。車は運転手一人でコロンボに帰り、駅で列車が着くのを待ってもらい、また車に乗り込むのだが荷物は途中軍の検問に合うと運転手一人だからトランクを開けさせられたりすると面倒なので列車に積み込むことにしたのだ。駅は近郊の小さな町にあり12時過ぎに発車することになっているが時間がスリランカ時間であいまいなので、早めに行くことになった。駅での待ち時間が長かったが写真を撮りながら時間がつぶせて退屈はしなかった。スリランカでは生き物が大事にされているのか、駅のホームでも野放し状態の犬たちも吠え掛かることはなくまったくのんびりと昼寝をむさぼっているのだった。

列車の到着時間が近づくと乗客が増えてきてホームにも大勢の客が待っていた。列車が到着すると私たちのトランクを積み込み最後尾の展望列車に乗り込んだ。列車内は何組かのスリランカ人家族がいたが打ち解けるのに少し時間がかかった。

鉄道の旅はなぜか郷愁を誘う。いいものだ

列車での移動で売り子から買ったロティー。噛みたばこは噛んでると口の中が赤色に染まる

列車は見渡す限り紅茶畑の山岳地をまるでトロッコ列車のように揺れながら進んだ。ときおり小さな駅に停車し客の乗り降りのわずかな時間にホームを「ワデー、ワデー、ワデー」と呼びかける物売りが賑やかに駆けめぐって来るのでワデーを買って食べた。またワデーと一緒にレッ

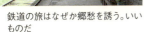

ドチリのから揚げも求めるとH川さんは「美味しい、美味しい」と食べていたが私にはやはり少し辛くて全部食べられなかった。また先日噛みタバコの話をH川さんと話をしていたのをコック兄弟が覚えていて、噛みタバコを持ってきていたので試しに噛んでみたが何か複雑な味と匂いがした。

車窓にはスリランカの広大な紅茶畑が延々と続き、車での移動では決して目にすることのできないヌワラエリヤ地方の山岳風景がどこまでもどこまでも続くのを眺めることができた。列車の通過はそんなに頻繁ではないのか付近の住民たちが線路を歩く姿がよく見られた。このころになるとヌワラエリヤの涼しさは消えてしまいスリランカ特有の暑さが戻ってきました。列車はキャンディを過ぎた頃から幹線の道路の車と平行して走るようになり駅が近づくにつれ、人も車も多くなってきた。車窓の風景もいつの間にか山岳風景からのどかな田園風景が目に付くようになってきていた。夕焼け空に変わっていく頃、列車はスピードを上げ始めてガンバハ駅へと近づいていていくのだった。

ヌワラエリヤから乗車した列車の隣の席の家族。2人の幼い兄弟が私たちに怪訝そうな視線をおくる

降りる駅をコロンボからひとつ手前のガンバハ駅にしたのはキャンディのツリー・オブ・ライフでシェリーさんと食事した時「なるべく人ごみの多い所はテロの危険性があるので避けたほうがいい」とのアドバイスがあったので列車に乗る前にコック兄弟に伝え変更したのだ。ヌワラエリヤで12時に列車に乗り込みガンバハ駅に着いたのは午後7時過ぎだった。列車が駅に到着すると車が待ってくれていて荷物を積み込みコックの弟Jは自宅に帰っていきコックの兄Aと共に「マウント・ラビニア・ホテル」へと向かった。ホテルにチェクインして部屋に落ち着くやいなや出かける用意をしてロビーに下りていく。

今夜はシェリーさんの家に夕食を招待されていてシェリーさんの家に着いたのは9時を過ぎていた。久しぶりに訪れたシェリーさんの家では奥さんと二人のお嬢さん、奥さんのお兄さんのナーレンとお母さんに歓迎され、ビールにウイスキーに美味しいおつまみに積もる思い出話にふけった。お酒のあと食事に移り奥さんの心尽くしの料理を楽しませていただいた。

シェリーさん家では3人のメイド、雑用係、運転手と5人の使用人がいた。食事を終え車でマウント・ラビニア・ホテルに送り届けてもらったのは深夜の1時だった。

9月14日(日) 晴れ

マウント・ラビニア・ホテルではインド洋から寄せて来る波の音で目が覚める。テラスに出ると真下に波が打ち寄せてくるのが見え、右側の海岸線を辿ると海岸線が切れるあたりにコロンボ市街の高層ビルがホテルの椰子の木の間を通して遠望できる。今まで山岳のリゾートホテルを満喫してきたが今日からはビーチリゾートホテルを泊り歩くことになる。今日は移動日になっているので食事前に簡単な荷作りをしてから階上のプールサイドに面したレストランへ。紅茶を楽しんでからバイキングスタイルの朝食のメニューを見て回る。

ここでもコラ・キャンダーをいただき、その後は二人してスリランカ料理を思い切り食べる。インド洋を眺めながらのプールサイドの屋外レストランスペースはやはり気持ちいいものだった。食後ホテル内のショップを見て回るがどのホテルにも入っている宝石店の積極的な接客が気になる。

コック兄弟が車で11時頃迎えに来たので乗り込み一路南へと海岸線をゴールへ向けて走る。途中カルタラ地区の海岸線に車で入っていくので何事かと思うとコック兄弟が漁師たちと何かを交渉している様子なのでH川さんと私は車を降りて海岸線に出る。今日は満月で漁は休みで漁船も陸に引き上げられていてお酒も一切飲むことを禁じられているとのこと。コック兄弟は話がついたとのことで一人の漁師の後をついて行きボトルを下げて帰ってきた。中身は乳白色をした「ラゥ」という飲み物で、早朝椰子の木の花から滴る液を集めたもので、早朝には甘すっぱくフレッシュで美味しいのだが時間が経つと自然発酵して、かつて開高健がスリランカ旅行の際発酵しすぎたものを飲んで「まるでオシッコ」と表現していたのを読んだことがあるが、H川さんも飲むなり「まるでオシッコ」と言葉を発していた。私は何回となく飲んだことがあるので生温かいのが気になったが二杯ほど飲んだ。しかしこれでもアルコール濃度は4・5度はあるので身体がほてってくるのだった。荒塩と小玉ねぎとモリジブフィッシュをかじりながら「ラゥ」を飲むと美味しいとのことで、それらを肴にして車の中で飲み続けた。

そうこうしている内に車はベントタ付近まで入っていた。ベントタを過ぎたあたりから幹線道路を山手に入って行き、道路が舗装されてない私道に入り、ジェフ

ホテルのテラスからインド洋を見る。海岸線の先端がコロンボ市内。マウント・ラベニア・ホテルのドアボーイ。異国情緒たっぷりな物腰でした

スリランカでの私の定宿、マウント・ラベニア・ホテル。植民地時のイギリスが使っていた建物を改装

ゴールへ向かう途中の海岸。満月で漁はお休み

ゴールへの途中で出会った若い漁師たち。屈託がない。その海岸線でお願いして手に入れたヤシの花から出る汁。時間が経つと自然発酵してアルコールが強くなる

リー・バワの邸宅ルヌガンガに到着した。

昨日からＨ川さんと「明日はルヌガンガにぜひ行こう。そして中に入れなくても門周辺の雰囲気だけでも味わいましょうか……」と話していたその門に到着したのだが、人の気配がまったくない。諦めかけていると隣の敷地からおばさんが出てきて「門に下がっている鐘を鳴らすと案内の人が出て来る」と教えてくれた。コック弟Ｊが勢い良く鐘を鳴らす。繰り返し三度ほど鳴らすと青年が出てきて中に入れるとのこと。「よかったぁ～」と言いながら入ると一人の拝観料が３５００ルピーとのことだった。あまりの高さにコック兄弟ＡとＪは「自分たちはいいから」と言い出すが「見学したほうがいいから」と誘い兄弟の分も払って一緒に邸内に入っていった。

その広大な敷地には、バワの仕事部屋やゲストルームらが点在して配置され、朝食のスペース、ランチのスペースが違う場所に設けてあった。そばには鐘が吊るしてあり、その鐘の音は場所ごとに音色が違っていて、鐘の音を聞いたメイドたちがどこの場所で鳴らされているのか判断がつくようになっているとのことだった。また各部屋に彼が集めたアンティークやアートの作品がほどよい密度で展示されていて、建物を取り巻く庭のしつらえにも彼の感性が感じられた。気持ちのいい邸内を歩き回っていると、暑さとさっき車の中で飲んだ「ラゥ」のアルコールが回ってきて、拭いても、拭いても汗が噴出してくるのだった。

満足な気分で車に乗り込み、冷房を効かせてもらって車はゴール方面に向かう。海岸地帯を走る車の窓から眺められる風景は、5年前にインド洋で起きた津波で壊滅状態になった地域で、まだその爪あとは生々しく残っている。

途中、海岸線に沿って佇むレストランに寄ってお昼ごはんに。ここでもライオンラガービール＋ライオンスタウト＋焼きそば＋焼きめし＋各種のカリーで満腹に。海岸の砂浜に打ち寄せる潮風を浴びながらの気持ちのいいランチタイムとなった。しかしレストランの横に沿って建てられていたホテルは津波の被害にあって廃墟の状態だった。

レストランを出ると、ゴール近くのジェフリー・バワの設計した「ライトハウスホテル」に向かう。陽の落ちる前にホテルに到着するとチェックインして部屋に落ち着いた。部屋のテラスに出ると目の前はインド洋が広がり、波が大きな音をたてて打ち寄せている。Ｈ川さんが1階のＰＣルームでレポートの仕事をしている間に部屋のテラスから海を眺めた。インド洋に沈む夕日を眺めながら「あぁ～あと三日でこの旅行は終わるのだなぁ～」とふと心残りな思いがこみあげて来るのだった。

夕食はレストランにてコース料理になっていて、久しぶりにスリラン

カ料理以外の料理を口にした。しかし今日は満月でホテルのレストランでもアルコール類はまったく提供されなかったが、食後に階上のバーに行くとお酒はOKとのことで、H川さんと二人ニッコリほほえみながら好みのカクテルを注文する。

カリーのスタイルはわたくし流。スープが少ない

ライトハウスホテルのたたずまい。ここでも結婚式に遭遇する

9月15日(月) 晴れ

ライトハウスホテルの部屋でもテラスの真下はインド洋に面していて波が絶え間なく打ち寄せ、その波の音が朝まどろんでいる身体に響きながら感じられる。海岸線は岩山になっていてダイニングルームからはインド洋の水平線が広がって見える。遠くの波の形が不整でリズムもおかしいとHさんが言うので双眼鏡を覗くと、どうも鯨の群れがいる様子がうかがえたが、姿を確認することはできなかった。そのような光景をながめながらの朝食はバイキング方式でスリランカ料理を満喫。コラ・キャンダーとジュースに、二度三度と料理を取りに通った。

ライトハウスホテルから眺めるインド洋に落ちる夕日

食後出かけるまでの時間は、PCルームに行って時間をつぶしたり、ホテル内のショップを訪れ小物類を物色して買い求めたりした。ホテルのロビーに向かうと結婚式の喜びのキャンディダンスに遭遇する。家族で祝うめでたいイベントを見るのはやはり嬉しく、ひとりでに笑みがこぼれてくる。11時ごろコック兄弟が車で迎えに来てくれてゴールへと

向かう。

　車の中は運転手がスリランカのミュージックのCDを初日からかけっぱなしで、お陰でスリランカミュージックのリズムが身体に染み付いてしまったかのようだ。今日もそのリズムを聞きながらゴールに向かう。30分もかからずゴールの旧市街地の城壁と石造りの時計塔が目に入ってくる。

　1600年頃からポルトガル、オランダ、イギリスの植民地時代を経てこの岬を砦として旧市街地を築いていったのだろうか。今まで訪れた地域と違って堅牢な城壁に囲まれた城塞都市として経てきた時間が異国の匂いを感じさせた。海岸線に沿って歩いていると難破した船を岸辺まで運んできて解体し、それらの鉄板類を売りさばきながら商売をしているところに出くわすが、何かほのぼのとしたものを感じた。ここでも物売りたちがいっぱい群がってきてしつこいのに閉口する。岬の先端まで行くと一軒の古道具店が目に入って、何とはなしに入っていくと店員たちの目が一瞬鋭く輝きだすのを感じた。品物を手に取るといろいろとまくし立てて話しかけてくる。興味を惹かれる物が多数あるが、やはり値段が高いので「プライスダウン」と言うと応じてくる。古いオランダ時代の壺、ベトナムの大鉢、ベル、錠をあの手この手の値段交渉で買ってしまった。その間、隣の店ではH川さんが宝石をあれこれと見せられ買わされようとしていたが、慎重な彼は様々な手立てで攻めてくる売り手たちを捌きながら、結局宝石は買わずじまいだった。

　さぁ～お腹が空いたぞと近くのレストランに入りビール＋焼きそば＋焼きめし＋数種類のカリーを注文して、それぞれ好みで取り分けながらお昼を楽しんだ

　食後は城壁の上に登り、時計塔の近くまで散歩。ここでも物売りがしつこい。ここにもゲームに興じる大人たち、ベンチで寄り添う恋人たち、家族で遊びに来ていてカメラを向けるとポーズをとる者たちと様々な人に出会う。城壁を下りて再度旧市街の中に入り、お店を冷や

かして歩く。ある店で古い一本のフォークを見つけ「あぁ〜良い形をしている」と思い値段を尋ねると1万5000ルピーとのこと。値切るが8500ルピーまでと言われ諦めた。その後車に乗ってライトハウスホテルへと向かう。

ホテルに着くと、部屋で着替えてプールサイドに下りていく。しばらくプールで泳いだりデッキチェアーでくつろぎながらインド洋に沈んでいく夕日を眺めたりして過ごす。そして日が沈む頃には部屋に戻り、レストランに下りていった。

9月16日(火) 晴れ

ライトハウスホテルでの目覚めは爽やかである。テラスに出てインド洋を眺め深呼吸。洗面を済ませ朝食のためレストランに下りていく。今朝もコラ・キャンダーとジュースに始まりスリランカ料理を満喫する。今日はマウント・ラビニア・ホテルに向かうので荷作りをやらなくてはならずトランクに詰めるが、買った古道具や本などがかさばってきてトートバックを買わなくてはいけない羽目に陥ってしまった。

10時頃にコック兄弟が待っている玄関に降りて行き荷物を積み込む。「もう一度ゴールに行きたい」と伝え車はゴールの旧市街地のショップへと向かう。増えた荷物を入れる大き目のトートバックを買うのが目的なのだが、目指したショップで綿織りの男性が着るサロンを数点買ってしまい、その上本まで買う。トートバックは色鮮やかな物が見つかり、満足!店を出ると昨日気に入って値段交渉したシルバーのフォークがどうしても気になって、再度店に行って値段交渉を始める。しかし中々下がらなかったが、最後は5500ルピーで成立。なぜこのフォークが気になったのかは、上手く説明ができないが形に感じるセクシーさなのかなぁ〜。なんとなく満足な気持ちになってゴールの旧市街地をあとにコロンボへと向かう。

インド洋に沿って北上している道路脇では獲れたての魚の売店、パパイヤの売店、キングココナッツジュースの売店があり、適当なところで車を止めて見学したり買ったりしながら車を走らせた。

海岸線では行く時と同様にインド洋津波の被害の爪痕が延々と続いている地域があった。コロンボに近くなってくると人と車が混み出してきて、なかなかコロンボに近づかない。ようやく市街に入ると、H川さんの希望で家電店に立ち寄ることに。コロンボでもやはりTVが幅を利かして展示されていた。喧騒の街中を歩いて移動していると物乞いが離れず付いてくるのには閉口した。家電店リサーチの後はクリケットボールの専門店に連れて行ってもらい、前々から欲しかったクリケットの帽子を物色し、少ない商品の中からめぼしいのを見つけて買う。買い物が終わるとマウント・ラビニア・ホテルへと向かい再度チェックインし、部屋に落ち着いた。部屋はこの前と同じ部屋だった。今夜は8時半にシェリーさんの家に行き、奥さんのお兄さんのナーレンの家に夕食に招待されている。時間があったのでプールサイドに

ドライブの途中でキングココナッツジュースでのどを潤す

マウント・ラベニア・ホテルのプールサイドでのビール。穏やかなインド洋に落ちていく夕日

行き、ビールを飲みながらインド洋に落ちる夕日を眺めた。

8時過ぎにロビーに行くと、コック兄弟がもう来ていたので車に乗り込みシェリーさんの家に向かう。シェリーさんの家に着くとコック兄弟は帰り、私とH川さんはシェリーさんの奥さんと車でナーレンの家へと向かう。もちろん車は運転手付きだ。シェリーさんはキャンディに出張中とのこと、ナーレンはスリランカではエリートサラリーマン。以前来日した時に福岡に4泊して私たちは家族で歓待したので、そのお礼にと、以前から聞かされていた新築したばかりの自慢の邸宅での食事に招待されることになったのだ。

邸宅に到着すると飼い犬がいて早速吼えられた。門を入り玄関前に設けられた池の脇を通り玄関に入ると吹き抜けにステップ方式の階に台所、食堂、リビング、一番上はビデオルームとお母さんとナーレンの部屋でそれぞれの部屋にはバスルームと洗面、トイレが付いていた。

招待されて訪れたナーレンの新しいすまいで……

しばらくはお酒とおつまみを楽しみながらスリランカのバンドのDVDを見た。これが思っていたより面白く気に入った。お酒を楽しんだ後の夕食は、ナーレン家に60年以上いるメイドさんの手料理を堪能。美味しい料理をお腹一杯いただいた。お礼の挨拶をしてホテルまで送ってもらったときは午前1時を過ぎていた。

9月17日(水) 晴れ

昨夜も眠りについたのは遅かったが朝は普通に目覚める。いよいよ今夜コロンボを発つことになっているので朝から荷作りをどうしようかと考えている。本は香辛料を取り寄せる時一緒に送ってもらうようにしようと思い別の袋に入れてしまう。その上福岡から連絡が入ってカリークリームと木彫りの象を手荷物で持って帰ってとの伝言が入る。完全ではないが荷作りのめどをつけて朝食のためにプールサイドのレ

ストランに上っていく。朝食を済まして部屋に戻って荷作りを再開。どうにかまとまったところでロビーに下りていく。12時までにチェックアウトしてコック兄弟と運転手の3人をマウント・ラビニア・ホテルのレストランでお世話になったお礼のランチをご馳走することになっている。マウント・ラビニア・ホテルのコック長はスリランカの第一人者だということを目を輝かせながらコック兄弟が語り聞かせてくれた。もし会えるなら日本からスリランカレストランのオーナーが来ているからと一生懸命に交渉していたが、後でテーブル席まで来てもらえることになったと、コック兄弟は興奮していた。

　ランチのディスプレーが始まるとすぐにレストランに入っていく。サラダ類をはじめ繊細なディスプレーがほどこされている美しい料理を眺めてしばし感心する。思い思いに料理を取り分け席に戻るとコック長がテーブル席までわざわざ出てこられたので、全員立ち上がり頭を下げると、にこやかに微笑みを返されしっかりとした握手を交わした。コック長は料理についての自分の信念をコックたちに話されているようだった。コックのAとJは、一つひとつうなずきながら神妙な面持ちで話を聞き続けていた。食事の後にはプールサイドに行きそれぞれ記念写真を撮った。

　満たされた気分でいっぱいになった私たちは、マウント・ラビニア・ホテルを後にする。途中、ホテルの近くで宝石店を営む友達を訪ね、久しぶりに再会。H川さんはゴールの宝石店で散々応対されて宝石の値段が判っている様子。見せられた宝石と値段を聞いてから「安い、安い」とうなずいていて何個か買っている。今回は宝石はいいやぁと思っていたが出された宝石がきれいで安かったので、思わず二個買ってしまった。高級な宝石も見せてもらったが、やはり輝きが違っていた。

　宝石店を後にして車はコロンボ市街へと走り、ホテルの宿泊代の清算のため予約を代行してもらった会社の事務所を訪問した。支払いをカードで済ますが一泊二食付きで5000～6000円と思っていたより安かった。支払いを済ますと今回の旅行もこれで終わるんだと実感して、寂しさがつのる。その後はガンバハのコックたちの家まで車は走る、コックたちの家では家族が待っていてくれた。トランクを降ろし、再度荷作りをやり直す。重さを測ると30キロあり重量オーバーだがこれ位は多めに見てくれるだろうと荷作りを完了する。その後コックの奥さんが紅茶を入れてくれ美味しくいただいた。

マウント・ラベニア・ホテル近くの友達の宝石店で……

車はガンバハからコロンボ空港へと向かうが、空港周辺は点在する縫製工場で働く若い女性たちの帰宅時間にかち合って道路は女性たちであふれている。空港に着いてチェックインすると二人の荷物2個で重量が60キロになって重量オーバー。なんと1万8000円も払う羽目になってしまった。出国審査を終え、免税店コーナーへ向かったが、これ以上荷物が増えるのを恐れて何も買う気力が起こらない。ただ時間つぶしにぷらぷらと歩きまわるだけにした。ようやく飛行機に乗り込みほっとする、飛行機はマレー(モリジブ)経由成田行き。10時間の長旅だった。

9月18日(木) 晴れ

お昼頃に成田に到着。入国審査を経てロビーに出て食堂に入りビールとラーメン。リムジンにて羽田空港に移動。H川さんは羽田から大阪に急遽出張とのこと。第一線で仕事をしているビジネスマンの動きの良さを目の当たりに見せつけられる。

羽田発午後3時30分の福岡行き、福岡空港には管理人犬が出迎えに来てくれていた。そのままヌワラエリヤレストランに行く、今日はスリランカの家庭料理を楽しむ会が開催されていて挨拶と報告、参加者10名。ハートランドビールが身体に沁みる。

マウント・ラベニア・ホテルのプールサイド。これからコロンボ空港へ向かう

おわりに

月並みで恐縮ですが、メルマガでレシピの連載を始めた当時まさかこれが本になるとは思ってもみませんでした。毎月毎月このレシピのせいでものすごい長文メールになるため「こんなの誰も読んでない気がするなあ……」と思いつつ、でもお客様が目にするものですからその時その時で一生懸命考え、書いておりました。本にまとまるとか思ってなかったのでゆるゆるな文章で本当に申し訳ありません。

　レシピの連載は現在も継続中です。旧レシピを使いやすいように編集し直したり、お客様からいただいたリクエストをもとに、今度は現ツナパハ店長インディカさんやヌワラエリヤのハロルドさんの奥さんでラーメン仮面55スタッフのシーターさんに協力してもらって、ちょっと手間のかかる料理にも挑戦したりしています。

　ルーパーさんの横に突っ立って毎月1品、10数年教えてもらいましたが、本文中にあるようになんだか大雑把に作っているように見えてなかなか同じように作ることは難しく、テキトーに準備しているように見えるスパイスの分量や火加減、加熱時間にも素材によって変わる絶妙の目分量やタイミングが存在するんだなあということがよくわかりました。

　とはいえ、料理自体は作り始めてから40分〜1時間くらいで完成するものばかりです。もちろん下ごしらえから始めると1〜2日かかる料理もスリランカには存在するのですが、お仕事や学校から帰宅したお疲れ様な方や初心者さんが気負わずにチャレンジできて、すぐに食べられるように時間のかかる料理はわざと作りませんでした。スパイスと材料さえ揃えば時間をかけずに誰でもチャレンジできる出来立てがおいしいカリー。それが今回ルーパーさんの教えてくれた料理です。

　2日目のカレーがおいしいとか○日間煮込んだカレーが旨いとかたっぷりタマネギをあめ色に炒めるとかそういうジャパニーズカレーの常識は忘れて、このレシピをきっかけに、スパイスの使い方を身に着けて、皆さんがそれぞれアレンジしたカリーやスパイス料理を編み出すことを願ってやみません。日本人は1を100に育てるのが得意ですものね!

　文章はすでにあったにもかかわらず、編集作業に丸々1年かかりました。馬鹿じゃないの……いやホントに手が遅くてすみません。四方八方にすみません。編集者様、デザイナー様、本当にお世話になりました。こんな企画を拾い上げてくださって心の底からありがとうございます。

　古い写真からスマホの中身まで写真と文章を提供してくださった社長。調理過程の写真撮影と調理、文章チェックまで手伝ってくれたバイトのあまちゃんと夏さんの鶴田兄弟。ありがとうございました。特にあまちゃん、ラーメン仮面55は君の帰りをいつまでも待ってます（にっこり）。

　30年前に創業した福岡の小さなスリランカ料理レストランが今も元気に営業を続け、生意気にもレシピ本が出るまでになったのは、珍しい異国の激辛料理を受け入れ、日を置かずに通い続け、はたまた遠方からわざわざお取り寄せをご利用くださり、シェフたちに気さくに声をかけてくださるたくさんのお客様方の支えのおかげでございます。皆さま、本当にありがとうございます。

　今日もツナパハ、ヌワラエリヤ、ツナパハ+2、ラーメン仮面55はがんばって営業しております!皆様のご来店をスタッフ一同お待ちいたしております。

前田 庸

東方遊酒菜ヌワラエリヤ

福岡市中央区赤坂1丁目1-5 鶴田けやきビル2F
092-737-7788
11:30〜24:00
（ラストオーダー22:45のため、22:30までにご入店ください）
定休日）年末年始
・パーティ、結婚披露宴の2次会など大人数での会場としてもご利用いただけます
・店内全席禁煙（店外に喫煙コーナーがございます）

東方遊酒菜ヌワラエリヤ

不思議香菜ツナパハ

福岡市中央区大名2丁目1-59 大産西通ビル5F
092-712-9700
11:30〜23:00
定休日）年末年始
・店内全席禁煙

不思議香菜ツナパハ

不思議香菜ツナパハ+2

福岡市中央区天神2丁目11-3 ソラリアステージB2F
092-791-3374
11:00〜22:30
定休日）年末年始
・店内全席禁煙

不思議香菜ツナパハ+2

ラーメン仮面55

福岡市中央区薬院2丁目13-30
092-714-5552
11:30〜17:00、18:00〜22:00
定休日）月曜日
・店内全席禁煙（店外に喫煙コーナーがございます）

ラーメン仮面55

http://tunapaha.jp/

**カリークリームも買える！
ツナパハグループ公式サイト**

店舗紹介、カリー、紅茶、
スパイスのお取り寄せ注文も
こちらから承っております。

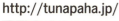

著者プロフィール／ **前田庸**（管理人・犬）

ラーメン仮面55店員。調理師・イラストレーター・漫画家。生まれも育ちも福岡市。書店に勤め、コミックスから実用書、経理まで一通り担当したのち株式会社MIC工房に入社。ドレッシングやデザート制作を担当。2010年オープン時よりラーメン仮面55に配属。調理、サービス、グラフィックデザイン、食材輸入、広報、WEB部門担当。また書店員時代から兼業で漫画やイラストを執筆。ゲームやアニメの公式2次創作漫画、コンビニコミックス作品から古典小説の漫画化、教科書や学校用教材のカットまで幅広く手がける。近作にコミックマーケット92カタログ掲載「デジタル漫画発見伝」宝島社「マンガ徳川15代の裏話」など。

写真／イラスト　前田庸

ブックデザイン　川上夏子
（クワズイモデザインルーム）

編集　池田雪
（書肆侃侃房）

ツナパハ・ヌワラエリヤ
スリランカカリーをつくろう

2018年3月17日　第1版第1刷発行
2020年7月21日　第1版第2刷発行

著　者　前田庸
発行者　田島安江
発行所　株式会社 書肆侃侃房（しょしかんかんぼう）
〒810-0041 福岡市中央区大名2-8-18 天神パークビル501
TEL 092-735-2802　FAX 092-735-2792
http://www.kankanbou.com
info@kankanbou.com

印刷・製本　大同印刷株式会社

ISBN978-4-86385-302-7　C0077